デリバティブ取引の経理入門

有限責任監査法人トーマツ 著

第2版

中央経済社

第2版まえがき

　わが国の企業会計の基準は近年，国際的な会計基準との整合性を高める取り組みなどから継続的に開発が進められており，「収益認識に関する会計基準」の開発など，広く社会に影響のある会計基準の導入が進められています。

　金融商品に関連する会計基準では，「時価の算定に関する会計基準」が導入されたことで，金融商品に関する時価の概念が国際的な会計基準と整合性のあるものとなりました。これに伴い，会計処理および開示に用いられる金融商品の時価の算定は，首尾一貫した方法により行われ，どのような情報に基づいて，どのように算定したかについて財務諸表利用者の理解に資する情報が開示されるようになりました。また，広く実務で利用されていた金利指標であるLIBORの公表停止に伴い，全世界でデリバティブ取引に関連する契約の見直しが行われるなど，さまざまな実務の変化が起こっています。

　本書は，デリバティブ取引の仕組みおよび会計処理について，経理業務の初心者にもご理解いただける書籍として2008年に初版を発行しました。今回の改訂にあたっても，多くの図表や設例などを盛り込み，初版以降に公表された時価の算定に関する会計基準や，金利指標改革，四半期報告制度から半期報告制度への移行の影響などを反映しました。

　まず，§1ではデリバティブ取引の種類や特徴を解説し，§2でデリバティブ取引にかかる会計処理の概要を「時価の算定に関する会計基準」の内容も含めて解説しています。§3でデリバティブ取引にかかる内部統制のポイントを解説し，§4では個々のデリバティブ取引の仕組み，利用方法および会計処理を解説するとともに，実務の参考となるよう数々の設例を盛り込みました。§5ではデリバティブ取引に関する表示および開示の規定を要約しています。

　本書が企業の経理・財務担当者の実務に少しでもお役に立つことができれば幸いと存じます。

　最後に，本書の改訂にあたり，公認会計士　園生裕之氏，デロイトトーマツリスクアドバイザリー合同会社ファイナンシャルサービシーズの小山敦史氏のお二人から各論点や記述につきさまざまなご助言，ご指摘をいただき，多大なご協力をいただきました。また，改訂版の出版にあたっては，初版に引き続き株式会社中央経済社会計編集部の末永芳奈氏に多大な労をとっていただきました。この場を借りて，深く感謝の意を表したいと思います。

　2024年4月

有限責任監査法人トーマツ

ま　え　が　き

　平成11年1月22日に企業会計審議会から「金融商品に係る会計基準」（以下「金融商品会計基準」という）が公表されるまで，わが国においては，デリバティブ取引の会計処理を取り扱う包括的な会計基準はありませんでした。今でこそ，デリバティブ取引は原則として時価評価されるということが常識となっていますが，かつては，損失が突然顕在化する危険な金融商品と見られたこともありました。

　金融商品会計基準の適用開始により，ヘッジ取引のヘッジの効果を会計に反映させるヘッジ会計も導入されました。しかし，あくまでも例外的な会計処理という位置づけから，厳格な要件が設定され，企業がヘッジ目的で利用している場合であっても，必ずしもヘッジ会計を適用できない場合もあります。したがって，ヘッジの意図を財務諸表に反映することができるかどうかを判断するうえで，会計基準等の理解が必要不可欠なものとなっています。

　また，デリバティブを組み込んださまざまな複合金融商品が開発されており，企業の財務担当者は，銀行や証券会社などからそういった金融商品を紹介されることも多いと思います。当然のことながら，金融商品への投資や，その他の金融取引を行うにあたっては，その内容をよく理解することが必要であり，そのためにはデリバティブに関する知識が求められます。会計処理においても，そのリスクの程度により，組込デリバティブを区分して時価評価しなければならない場合もあります。

　本書は，平成13年1月に刊行された経理入門シリーズの「デリバティブ取引の実務」の内容を整理のうえ引き継ぐとともに，最近までの会計基準等の改正を反映させたものです（「デリバティブ取引の実務」の共同執筆者であった監査法人トーマツパートナーの鈴木吉彦さん，三澤幸之助さんからは，それぞれの

4

ご執筆担当部分の本書への利用をご快諾いただきました。この場をお借りして感謝の意を表します）。執筆方針も旧書を引き継ぎ，図表や設例などによって，経理業務の初心者の方にもわかりやすく解説することを第一に心がけました。

　まず，§1ではデリバティブ取引の種類や特徴，§2ではデリバティブ取引に関する会計処理の概要を解説しています。§3では，平成20年4月1日以後開始する事業年度から，上場会社を対象に内部統制報告制度が適用されることを踏まえ，平成19年2月15日付けで企業会計審議会から公表された「財務報告に係る内部統制の評価及び監査の基準」および「財務報告に係る内部統制の評価及び監査に関する実施基準」に沿ったデリバティブ取引に関する内部統制のポイントを解説しています。

　§4では，デリバティブ取引の種類ごとの仕組み，利用方法および会計処理を解説するとともに，実務の参考になるよう多数の設例を盛り込みました。

　§5では，デリバティブ取引に関する表示および開示の規定を要約しています。

　なお，本書の文中において意見にわたる部分は，あくまでも執筆者個人の私見であり，その責めは執筆者に帰することをお断りしておきます。

　本書が企業の経理・財務担当者の実務にお役に立てば幸いと存じます。

　平成19年12月

監査法人トーマツ

園生　裕之

目　　次

§3

デリバティブ取引に関する内部統制

§4

個別商品の仕組みと設例

⑤ 複合金融商品 ……………………………………………………225

§5
デリバティブ取引にかかる表示および開示

本書で記載する会計基準等について，以下のように略称します。

略　称	会計基準等
外貨建基準	「外貨建取引等会計処理基準」
外貨建基準注解	「外貨建取引等会計処理基準注解」
外貨建実務指針	会計制度委員会報告第4号「外貨建取引等の会計処理に関する実務指針」
金融商品会計基準	企業会計基準第10号「金融商品に関する会計基準」
金融商品会計実務指針	会計制度委員会報告第14号「金融商品会計に関する実務指針」
金融商品Q&A	「金融商品会計に関するQ&A」
時価算定会計基準	企業会計基準第30号「時価の算定に関する会計基準」
時価算定適用指針	企業会計基準適用指針第31号「時価の算定に関する会計基準の適用指針」
時価開示適用指針	企業会計基準適用指針第19号「金融商品の時価等の開示に関する適用指針」
回収可能性適用指針	企業会計基準適用指針第26号「繰延税金資産の回収可能性に関する適用指針」
その他複合金融商品適用指針	企業会計基準適用指針第12号「その他の複合金融商品（払込資本を増加させる可能性のある部分を含まない複合金融商品）に関する会計処理」
新株予約権付社債等適用指針	企業会計基準適用指針第17号「払込資本を増加させる可能性のある部分を含む複合金融商品に関する会計処理」
ストック・オプション基準	企業会計基準第8号「ストック・オプション等に関する会計基準」
四半期会計基準等	企業会計基準第12号「四半期財務諸表に関する会計基準」および企業会計基準適用指針第14号「四半期財務諸表に関する会計基準の適用指針」
中間会計基準	企業会計基準第33号「中間財務諸表に関する会計基準」
中間適用指針	企業会計基準適用指針第32号「中間財務諸表に関する会計基準の適用指針」

中間作成基準等	中間連結財務諸表作成基準，中間連結財務諸表作成基準注解，中間財務諸表作成基準および中間財務諸表作成基準注解
LIBOR参照金融商品ヘッジの取扱い	実務対応報告第40号「LIBORを参照する金融商品に関するヘッジ会計の取扱い」
内部統制基準	「財務報告に係る内部統制の評価及び監査の基準」
内部統制実施基準	「財務報告に係る内部統制の評価及び監査に関する実施基準」

§1

デリバティブ取引とは

---

①——デリバティブの分類と特徴

「**デリバティブ**」という言葉は，会社の経理・財務を担当する方に限らず一般的に知られるようになりましたが，そもそもどのようなものを称しているのでしょうか。

英和辞典で「derivative」を引くと，元は「派生した」とか「派生物」という意味であることがわかります。「デリバティブ取引」という場合のデリバティブは，一般的に「**金融派生商品**」と訳されています。デリバティブとは，通貨，金利，債券，株式（株価指数），現物商品などから「派生」した金融商品です。

デリバティブが「派生」する元となる通貨，金利，債券，株式（株価指数），現物商品などを「**基礎商品**」といいます。

「派生」の形としては，先渡，先物，スワップ，オプションに分類できます。以上を図示すると次頁の**図表1-1-1**のようになります。

この図では，代表的なものを挙げていますが，組み合わせる基礎商品として何を考えるかによって，いろいろなデリバティブを創り出すことが可能です（デリバティブ自体を基礎商品とすることも可能です。たとえば，金利先物を基礎

| 図表1-1-1 | | デリバティブの分類 | | |

派生 金融 (基礎商品)	先渡 (フォワード)	先物 (フューチャー)	スワップ	オプション
通貨	為替予約 NDF	通貨先物	通貨スワップ	通貨オプション
金利	FRA	金利先物	金利スワップ	キャップ,フロアー, スワップション
債券		債券先物(国債)		債券オプション(選択権付債券売買取引)
株式 (株価指数)		株価指数先物 (日経平均など)		有価証券オプション 株価指数オプション (日経平均など)

商品とするオプションである金利先物オプションや金利スワップを基礎商品とするオプションであるスワップションなどがあります)。

　なお,デリバティブは,「金融」から派生した商品であると述べましたが,現物商品,企業等の信用状態,天候等の自然現象など,さまざまなものを基礎商品とするものがあります。すなわち,将来変動するさまざまなものを基礎商品として,さまざまなデリバティブを創り出すことが可能です。

　では,デリバティブ取引にはどのような特徴があるのでしょうか。

① 比較的新しい取引であること

　　デリバティブ取引は比較的新しい取引であるといえます。もっとも江戸時代の大阪・堂島での帳合米取引が先物取引といわれているように,その概念自体はかなり古くからあったようですが,金融の世界と結びつくことによって,とくに1980年代以降急速に取引がさかんになりました。

　　デリバティブ取引が比較的新しい取引であるということは,デリバティブ取引に関する会計基準も比較的新しいものであるということを意味しま

す。わが国におけるデリバティブ取引に関する会計基準の制定・変遷については, §2を参照してください。

② レバレッジ効果があること

レバレッジとは「てこ」のことですが, **レバレッジ効果**とは小さい力で重いものを持ち上げるてこのように少額の資金の受払いで多額の取引を行うことができることを意味しています。たとえば, 金利先物を締結する場合には, 対象となる基礎商品の契約額は多額であっても当初の資金の受払いとしては証拠金の差入れのみで成立し得ます。

これらの特徴は, それぞれのデリバティブ取引に備わっていますが, デリバティブ取引を行ううえでメリットであると同時にデメリットにもなります。すなわち, 比較的新しい取引でレバレッジ効果が働くということは, 少ない資金で効果的な取引を可能にすると同時に, 気がつかないうちに（あまり理解していないうちに）多額の含み損を抱えることになりかねないということを意味しています。

したがって, デリバティブ取引の特徴を正しく理解するとともに, 目的に合った利用方法で活用し, 適切な管理を行うことが必要となります。

②——デリバティブ取引の種類

デリバティブは一般的に, 先渡, 先物, スワップ, オプションに分類されます。各種類の詳細な説明は以下の各章でふれることとし, ここでは概要のみ述べます。

(1) 先渡取引, 先物取引

先渡取引, 先物取引とも, 将来のある時点の取引価格を現時点で約定する取引です。たとえば, 4月1日の時点で, 5月1日に金（ゴールド）10単位を, 1単位当たり2,000ドルで購入することを約定する取引が該当します。

先渡取引と先物取引の違いは, 相対取引（店頭取引＝Over-the-Counter 取

引：OTC取引）か取引所取引かということです。先渡取引は相対取引であり，先物取引は取引所取引となります。

相対取引にはテイラーメイドのよさはありますが，取引の相手先や手仕舞い（反対売買）のしやすさなどに注意が必要となります。

一方，取引所取引は取引所で集中して取引が行われるため，商品が規格化されていて（レディメイド），取引の成立や決済などは容易ですが，自分のニーズには必ずしも100％合わないことがあります。

先渡取引として一番ポピュラーなものには，為替予約があります（厳密には先物取引ではないのですが，市場関係者の間では先物為替といわれています。外国為替市場は取引所があるわけではなく，市場参加者がお互いに電話や専用端末で取引を行っており，先渡取引に分類されます）。

わが国では，金利先物は東京金融取引所や日本取引所グループの大阪取引所で，債券先物や株価指数先物は大阪取引所で，商品先物は日本取引所グループの東京商品取引所等で取り扱われています。

⑵　スワップ取引

スワップ取引は，金利や通貨などを交換する取引のことをいいます。

たとえば，当事者間での事前の合意により，6月1日に日本円100万円を米ドル8,000ドルと交換し，12月31日に再度米ドル8,000ドルと日本円100万円を交換して手仕舞いする取引などが該当します。

代表的なスワップ取引のうち，金利スワップは，同一通貨異種金利間の交換であり，通貨スワップは，異種通貨間の交換です（詳しくは§4を参照してください）。

スワップ取引には取引所はなく，すべて相対取引です。

⑶　オプション取引

オプション取引とは，基礎商品を一定の価格で買ったり，売ったりする権利（オプション）を売買する取引です。

　たとえば，4月1日に「A社の株式1,000株を5月1日に1株500円で買う権利」を購入するような取引が該当します。反対に「5月1日にA社の株式1,000株を1株500円で売る権利」を購入する取引などもあります。

　つまり，買う権利（コールといいます）の売買や，売る権利（プットといいます）の売買をするということです。この権利のことを「オプション」と呼んでいます。

　先渡取引，先物取引およびスワップ取引は，権利とともに義務も取引していることになりますが，オプション取引は権利のみが取引の対象となります。したがって，権利の買い手は，その権利を行使するかしないかを自由に決められます。ただし，権利を買うためには対価を支払う必要があり，**オプション料（オプション・プレミアム）**といわれるものがこれに当たります。

　オプションの売り手にはただちに発生する義務はありませんが，潜在的な義務は発生します。すなわち，オプションの売り手は買い手にオプションを行使された場合には，あらかじめ取り決めた一定の価格での基礎商品の売買取引に応じなければならないということです。

	権　利	
	買　う	売　る
買い手	コールの買い	プットの買い
売り手	コールの売り	プットの売り

　オプションには相対取引と取引所取引があります。

　通貨オプション（選択権付為替予約），金利オプション取引であるキャップ，フロアー，スワップション，債券店頭オプション（選択権付債券売買取引）はいずれも相対取引です。

　取引所取引としては，金利先物オプション，債券先物オプション，有価証券オプション，株価指数オプションがあります（詳しくは§4を参照してください）。

　また，[1]でも述べたように，デリバティブ取引は組み合わせの仕方により，

いろいろなものを創造することが可能です。

　代表的なものとして，スワップション（スワップとオプションの組み合わせ）やゼロ・コスト・オプション（オプションの売りと買いの組み合わせ）などがあります。

　以上がデリバティブ取引の一般的な分類ですが，もう少し理論的な考察もしておきたいと思います。

　デリバティブ取引は，約定時の基礎商品の価格を前提に，キャッシュ・フローの受取りと支払いの**現在価値**（将来のキャッシュ・フローが現時点でみたらいくらに相当するかを意味します）が等価のときに成立します。このキャッシュ・フローの交換を権利義務関係から分類すると，フォワード型とオプション型に分類できます。

①　フオワード型

　契約当事者が約定の履行について権利とともに義務を負っているものです。したがって，基礎商品価格の変動によって，有利になろうが不利になろうが，両当事者はおのおのの約定の履行をしなければなりません。

　先渡取引，先物取引のほか，スワップ取引も期間の異なる複数の先渡取引の集合体とみなせますので，フォワード型といえます。

②　オプション型

　契約当事者の一方（買い手）が，基礎商品価格が不利に動いた場合には，権利を放棄しさえすれば履行する義務を免れます。逆にいえば，売り手は買い手が権利行使した場合には履行する義務を免れません。つまり，オプション型の場合には，権利義務関係を買い手に有利な形で偏在させるため，約定時の価値交換を公平にするためにオプション料の授受（売り手が受け取り，返還することはありません）を行います。

権利義務関係	種　類	摘　要
買い手，売り手とも同等	フォワード型	先渡取引，先物取引，スワップ取引
買い手に有利（オプション料で調整）	オプション型	オプション取引

③── デリバティブ取引の利用目的

　デリバティブ取引はなぜ利用されるのでしょうか。デリバティブ取引の利用目的は，一般的にはヘッジ目的，投機目的，裁定目的に分類されます。

(1) ヘッジ取引

　ヘッジ取引は，デリバティブを利用して，現存の資産・負債や将来予定された取引が相場の変動やキャッシュ・フローの変動によって不利な状況に陥らないようにする取引です。

　たとえば，余資運用の対象として国債を購入して保有しているが，債券価格の下落による売却時点での損失に備えるため，債券先物を売り建てるケース（将来の一定時点で定められた価格で売ることを現時点で約する取引）などがあります。

　ヘッジ取引の概念としては既述のとおりですが，ヘッジ取引はさらに，個別ヘッジ，包括ヘッジおよびマクロヘッジに分類できます。

　個別ヘッジとは，ヘッジ対象とデリバティブの対応関係が個別に特定可能なものを指します。上記の例は，このヘッジに該当します。

　包括ヘッジとは，共通の相場変動等による損失の可能性にさらされており，当該相場変動等に対して同様に反応することが予想される複数の資産または負債をヘッジ対象とするヘッジ取引を指します。

　たとえば，国債をポートフォリオ（ポートフォリオとはもともとは書類ばさみという意味ですが，ここでは多くの国債をまとめて運用している状態と考え

てください）として大量に保有している場合，ポートフォリオ全体の価格変動リスクをヘッジするケースです。この場合，ポートフォリオ全体を効率的に運営するために，全体に対応するデリバティブ取引を行います。

　マクロヘッジとは，資産と負債のネットポジションをヘッジ対象とすることをいいます。

　銀行などでは，多数の金融資産・負債を有していることから，たとえば金利リスクの管理を行う場合，関連する資産（たとえば変動金利と固定金利の貸付金）と負債（たとえば変動金利と固定金利の預金）をひとまとめにしたポートフォリオをネットして，残ったポジションを管理している場合があります。このポートフォリオは，通常多数の契約から構成されるため，既存の契約終了や新たな契約締結によって，常に中身が変動していく特徴があります（こうしたポートフォリオは「オープン・ポートフォリオ」と呼ばれます）。

　マクロヘッジは，こうしたオープン・ポートフォリオを，構成する資産・負債の期限ごとに細分化したポートフォリオに分解し，各ポートフォリオのネットポジションに対応するデリバティブ取引を組み合わせることにより金利リスクを低減し，全体のポートフォリオをあらかじめ定めた一定のリスク量（56頁の「参考」参照）の範囲内にコントロールするものです。

⑵　投機取引（スペキュレーション取引）

　投機取引は，相場を張って利益を追求する取引といえます。投機というと，あまり良いイメージはありませんが，一定のリスクを負って，最大利益を追求するのは，経済行為としては合理的といえますので，否定的に考える必要はありません（過去に問題となった事例の多くは，適切なリスク管理が行われていなかった，あるいは適切な内部統制が整備されていなかったために，突然大きな損失が顕在化したものです）。

　投機取引はたしかに市場の攪乱要因になることもありますが，市場に厚みを与え，市場参加者がヘッジをしやすくするといった長所を持っていることも見逃せません。

(3)　裁定取引（アービトラージ取引）

　裁定取引は，価格形成の歪みを利用して利益を稼得するものであり，鞘取引ともいわれます。

　たとえば，先物価格は理論的には現物価格と金利によって決まりますが，実際の相場は理論価格と一致しません。このような，現物と先物（期日の異なる先物と先物の間でも同様のことがあります）の価格形成の歪みがある場合，歪みがなくなるまで利益を稼得する機会が得られることになります。

(4)　トレーディング

　トレーディングは，金利，通貨の価格，有価証券市場における相場その他の指標にかかる短期的な変動，市場間の格差等を利用して利益を得る等の目的で取引を行う業務です。上記(3)の裁定取引は，リスクを取らずに利益だけを得るものですが，現実には活発な市場においてそのような機会はあまりないので，トレーディング業務においては，ある程度のリスクを負うことになります。

　トレーディング業務を行うためには，そのための専門部署を設置することが望ましく，かつ，リスクを一定限度内に抑えるために，取引限度額を定め，トレーディング担当者（トレーダー）以外の者あるいはトレーディングを行う部署から独立した部署における，取引の状況のモニタリングが必要となります。

　上記が一般にいわれている利用目的ですが，(1)の個別ヘッジおよび包括ヘッジ以外はかなり区分が曖昧です。

　たとえば，多数の資産・負債のリスクを全体として調整し運営している場合，総体としての収益性を上げようと思えば，構成物を入れ替えたり，相場の変動による利益稼得を狙ったりすることも当然のこととして行われます。このような場合におけるデリバティブ取引の利用目的は，ヘッジという面もあれば，投機という面もあり，どちらの目的かはっきり区別できません。

　このようにヘッジ目的かどうかを区別することは困難であり，会計基準もこれを前提としたものにならざるを得ません。そのため，ヘッジの効果を反映す

るヘッジ会計の適用については厳格な要件が求められています(詳しくは§2を参照してください)。

§2

デリバティブの会計処理

[1]──デリバティブ取引に関する会計基準設定の経緯

　デリバティブ取引に関する会計基準あるいは実務の指針は，当初は特定の取引に関する断片的なものとして公表されていました。たとえば，日本公認会計士協会が1985年10月 8 日に公表した「債券先物取引の会計処理」，1994年10月 1 日に公表したリサーチ・センター審理情報第 5 号「金利先渡取引及び為替先渡取引の会計処理について」等がそれに当たります。かつての会計基準設定主体であった企業会計審議会においても包括的な取扱いが模索され，1990年 5 月29日に「先物・オプション取引等の会計基準」を公表しましたが，実務上は第一部の「先物・オプション取引等に係る時価情報の開示に関する意見書」が開示情報（後に財務諸表等の注記事項）として有価証券報告書等の中に取り入れられたものの，第二部の「先物取引に係る会計処理に関する中間報告」は強制されるものではありませんでした。

　また，わが国の外貨建取引等にかかる会計処理は，1979年 6 月26日に企業会計審議会が公表した外貨建基準によっており，外貨建取引または外貨建債権債務に紐付けられた為替予約の処理方法として，振当処理が規定されていました（1995年 6 月 7 日の改正により通貨先物,通貨スワップおよび通貨オプションにも振当処理が認められました）。外貨建基準を実務に適用するための具体的な指針としては，1996年 9 月 3 日に日本公認会計士協会より外貨建実務指針が公表

されていました。

しかしながら，証券・金融市場のグローバル化や企業の経営環境の変化等に対応して企業会計の透明性を一層高めていくためには，注記による時価情報の提供にとどまらず，金融商品そのものの時価評価にかかる会計処理をはじめ，新たに開発された金融商品や取引手法等についての会計処理の基準の整備が必要とされる状況にたち至ったことから，1999年1月22日に企業会計審議会から「金融商品に係る会計基準の設定に関する意見書」とともに「金融商品に係る会計基準」が公表されました（なお，2006年8月11日に現在の会計基準設定主体である企業会計基準委員会（ASBJ）により改正され，金融商品会計基準となっています。「金融商品に係る会計基準の設定に関する意見書」の内容は，「結論の背景」として会計基準の中に包含されています）。この金融商品会計基準により，デリバティブ取引を含む金融商品全般にかかる包括的な会計処理が定められ，2000年4月1日以後開始する事業年度から適用されることになりました。

また，金融商品会計基準におけるヘッジ会計の規定と為替予約等の振当処理を整合させることを含む外貨建基準の改訂が1999年10月22日に企業会計審議会より公表され，金融商品会計基準と同じく2000年4月1日以後開始する事業年度から適用されることになりました。

これに引き続き，金融商品会計基準を実務に適用する場合の具体的な指針として，2000年1月31日に日本公認会計士協会から金融商品会計実務指針が公表され，また，2000年3月31日に外貨建実務指針の改正が公表されました。

以下では，主として金融商品会計基準および金融商品会計実務指針に規定されている会計処理を解説します。

2──会計基準におけるデリバティブ

金融商品会計実務指針の第6項では，デリバティブとは，以下の特徴を有する金融商品であると規定されています。

(1) その権利義務の価値が，特定の金利，有価証券価格，現物商品価格，外国為替相場，各種の価格・率の指数，信用格付け・信用指数，又は類似する変数（これらは基礎数値と呼ばれる）の変化に反応して変化する①基礎数値を有し，かつ，②想定元本か固定若しくは決定可能な決済金額のいずれか又は想定元本と決済金額の両方を有する契約である。

(2) 当初純投資が不要であるか，又は市況の変動に類似の反応を示すその他の契約と比べ当初純投資をほとんど必要としない。

(3) その契約条項により純額（差金）決済を要求若しくは容認し，契約外の手段で純額決済が容易にでき，又は資産の引渡しを定めていてもその受取人を純額決済と実質的に異ならない状態に置く。

(1)は，基礎数値の変化に対応して時価が変化することを意味しています。ここで実務上，契約当事者の売上などの非金融変数が含まれるかどうかが論点になることがあります。この点，一般的にはこのような変数は基礎数値に該当しないと考えられます。

(2)のうち前者は，先物契約または先渡契約のように双務契約である場合には，通常，契約時に当該権利と義務は等価であり，両者の純額すなわち価値はゼロであるということを意味しています。後者は，オプションのように片務契約である場合には，買い手はオプション料を支払いますが，オプションの対象そのものを購入した場合と比べ，はるかに少ない金額で購入することができるということを意味しています。

(3)の「又は」以下については，対象となる基礎商品に活発な市場があるため，当該基礎商品を市場から同一受渡日で購入又は売却することにより，実質的には純額決済と同じ状態にすることができることを意味しています。逆にいうと，純額決済が容易にできず，かつ，対象となる基礎商品に活発な市場がない場合には，会計基準上はデリバティブ取引には該当しないということになります。

3──デリバティブの原則的な会計処理

　金融商品会計基準では，「デリバティブ取引により生じる正味の債権及び債務は，時価をもって貸借対照表価額とし，評価差額は，原則として，当期の損益として処理する。」と定められています。すなわち，原則的な処理では毎期時価評価をし，時価評価することによって生じる評価差額は当期の損益として認識することになります。

　なお，デリバティブ取引が消滅すれば，他の金融商品と同様に，当該消滅取引の帳簿価額と対価としての受払額との差額を当期の損益として処理することになります。

　たとえば，金利先物の売建取引を行ったとします（先物取引は売りから行うことが可能です）。

　当初の取引時の値段が95とした場合，決算時に同じものの市場価格が92になっていたとしたら，この取引をした企業は決算時点では儲かっているのでしょうか。

　答えは儲かっている，です。

　なぜならば，売値が95なので，市場で92で買い戻せば差額の3が儲けになるからです（売値95－買値92＝差引3）。

　逆に，決算時の市場価格が98になっている場合には，3の損失となります。

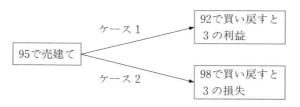

　この例を会計処理で表すと，次のとおりとなります。

時　点	市場価格	会計処理
約定時	95	仕訳なし
決算時	ケース1：92	金利先物（資産）　3 / 金利先物運用損益　3
	ケース2：98	金利先物運用損益　3 / 金利先物（負債）　3

　いったん取引された金利先物取引は，決済期日までに手仕舞い（反対売買）するか，決済期日に決済することにより消滅します。

　ここでは便宜的に反対売買したと仮定し，反対売買後2営業日目に差金決済がなされるものと想定すると，翌期の処理は以下のとおりとなります（期末時点の時価評価額は**洗替処理**となります）。なお，反対売買時の市場価格は96とします。

時　点	市場価格	会計処理
翌期首	ケース1：92	金利先物運用損益　3 / 金利先物（資産）　3
	ケース2：98	金利先物（負債）　3 / 金利先物運用損益　3
反対売買時	96	金利先物運用損益　1 / 未　払　金　1
差金決済時		未　払　金　1 / 現　金　預　金　1

（注）　上記の取引は売値が95で買戻しが96のため，損失となっています。

　たとえば，ケース1では当期の損益は＋3，翌期の損益は△4であり，通算すると損失1となります。また，ケース2では当期の損益は△3ですが，翌期の損益は＋2となり，通算すると損失は1となります。

4 ── デリバティブの時価の算定

(1)　会計基準における時価

　3で述べたように，デリバティブ取引は時価をもって評価することになりますが，「時価」とは何でしょうか。

　2019年7月に公表された時価算定会計基準および時価算定適用指針（これら

を合わせて「時価算定会計基準等」と略称します）が公表され，時価算定会計
基準第5項では時価の定義を次のように定めています。

> 「時価」とは，算定日において市場参加者間で秩序ある取引が行われると想定し
> た場合の，当該取引における資産の売却によって受け取る価格又は負債の移転の
> ために支払う価格をいう。

この定義は，時価は出口価格であり，入口価格（交換取引において資産を取
得するために支払った価格または負債を引き受けるために受け取った価格）で
はないことを明確にしたものです。これは，国際財務報告基準や米国会計基準
における定義と同じ内容になっています[注]。

（注） 国際的な会計基準においては，Fair value（公正価値）の measurement（測
定）という用語が使われていますが，わが国における他の関連諸法規において
「時価」という用語が広く用いられていること等を配慮し，時価算定会計基準等
においては「時価」および「算定」という用語が用いられています。用語の違
いによる実質的な差異はないとされています（時価算定会計基準第24項および
第25項参照）。

具体的な時価の算定方法としては，時価算定適用指針第5項では，**図表2－4
－1**に示した3つの評価技法に言及しています。

ここで，上場デリバティブの時価は取引所の最終価格（終値，終値がなけれ
ば気配値（公表された売り気配の最安値または買い気配の最高値，それらがと
もに公表されている場合にはそれらの仲値））を用いればよく，マーケット・ア
プローチに該当するといえます。一方，非上場デリバティブの時価については，
商品種類に応じて現在価値技法やオプション価格モデルを用いたインカム・ア
プローチが最も多く利用されます。

また，デリバティブ取引の時価を決定するにあたって参照する市場について
は，金融機関が非金融機関の企業を取引相手先とする市場（リテール市場）と
金融機関が他の金融機関を取引相手先とする市場（インターバンク市場）が存
在し，両者において時価が異なる場合があります。

図表 2 - 4 - 1　　3 つの評価技法

アプローチ	内　容	具体例
マーケット・アプローチ	同一または類似の資産または負債に関する市場取引による価格等のインプットを用いる評価技法	倍率法，マトリクス・プライシング
インカム・アプローチ	利益やキャッシュ・フロー等の将来の金額に関する現在の市場の期待を割引現在価値で示す評価技法	現在価値技法，オプション価格モデル
コスト・アプローチ	資産の用役能力を再調達するために現在必要な金額に基づく評価技法	－

　ここでは，例として現在価値技法による非上場デリバティブの時価の算定について検討します。

- 期間 5 年の金利スワップが 2 年経過し，残存期間 3 年
- 想定元本：100
- 支払金利：固定金利 5 ％
- 受取金利：変動金利 6 ヵ月 TIBOR フラット（6 ヵ月 TIBOR ＋ 0 ％）

　上記の金利スワップは経済的には，固定金利で借入れを行い，変動金利の債券を購入したのと同じです。ただし，元本交換がないことから，債券元本に相当する回収リスクは考慮する必要がありません。

　固定金利支払サイド（負債サイド）の時価は，下記の表のように計算されます。

	将 来 支 払 キャッシュ・フロー	割引率	現在価値	期末日の対応 スポット・レート	割引率の計算式
1年後	5	0.9615	4.81	4.0000%	$1/(1+0.040000)$
2年後	5	0.9202	4.60	4.2476%	$1/(1+0.042476)^2$
3年後	5	0.8719	4.36	4.6765%	$1/(1+0.046765)^3$
3年後	100	0.8719	87.19	4.6765%	$1/(1+0.046765)^3$
合 計	115	—	100.96	—	—

　すなわち，将来発生するキャッシュ・フローを割引現在価値に引き直したものです。資金の運用・調達には金利が発生するわけですから，現在時点の100円と１年後の100円は価値が異なるという考え方です。仮に，100円で国債を購入し１年間保有すると，１年後には100×（１＋国債の利回り）円になります。したがって，現在の100円は１年後の価値では利回り分のみ高くなります。逆にいえば，運用利回りを想定し得る限り，１年後の100円は現在の価値では100円より小さいことを意味します。

　しかし，ことはそう単純ではありません。１年後の割引率と２年後の割引率は異なるからです。それは，今後の期間別利回りがどのようになるかの予想等に依存しています。つまり，今後金利が上昇するものと予想している場合には，１年間運用した時点で金利が上昇していると考えていることから，１年後からの１年間の金利は現在の金利より高いと想定していることになります。したがって，「現在の１年間の金利×１年後により高くなった１年間の金利」＝「（２年後の金利)²」となり，１年後よりも２年後の金利のほうが高くなります。１年物の利回りと２年物の利回りが異なるのは，この考えによるものです。一般に，期間別の金利水準を示したものを**イールド・カーブ**と呼びます（**図表２-４-２**）。

　上記の例では，銀行間取引の市場気配からスポット・レート（通常２営業日後に資金貸借取引を始める場合に適用される金利）のイールド・カーブを作成します。銀行等金融機関との取引においては，これに自らの信用リスクを加味

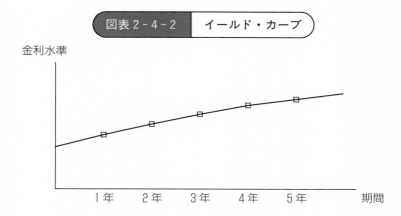

図表 2 - 4 - 2　　イールド・カーブ

して，年限ごとの割引率を算定します。

　一方，変動金利受取サイド（資産サイド）の時価は，割引率に用いる参照金利が変動金利の参照金利と同一（ここでは TIBOR）であることを前提にすると，想定元本の100と同一です。これは，イールド・カーブは市場金利を用いて作成されることを考えれば，市場金利による将来キャッシュ・フローの割引計算により，現在価値＝将来価値の割引値となることは容易に理解できるものと思います。

　以上から，金利スワップの時価は100.00（受取り）－100.96（支払い）＝△0.96（純額で負債サイド）となり，評価損となります。

　もともと，契約締結時点では「固定金利支払サイドの割引現在価値＝変動金利受取サイドの割引現在価値」が成り立っていたはずで，当初の金利スワップの時価はゼロとなります（当初の時価がゼロでなければ，交換取引としての経済合理性がないことになります）。したがって，契約締結後の市場金利の変動により金利スワップから評価損が発生したといえます。

　なお，上記の金利スワップがヘッジ会計の適用対象でない場合には，時価評価して評価差額を当期の損益として処理しなければなりませんので，会計処理としては以下のとおりとなります。

（借）	金利スワップ 運用損益	0.96	（貸）	金利スワップ負債	0.96

参考 **TIBOR**

　金融商品会計実務指針の設例では，金利指標として LIBOR が用いられています。これは，ロンドン市場での金融取引における銀行間取引金利で，かつ，さまざまな金融取引における参照金利として利用されていたものです。しかし，2023年 6 月末をもって，すべての通貨・期間について公表が停止されました。

　LIBOR 公表停止後の金利指標について，わが国においては以前から全国銀行協会（全銀協）より公表されている TIBOR （Tokyo Inter-Bank Offered Rate）が利用されているほか，2021年 4 月からターム物リスク・フリー・レート（Tokyo Term Risk Free Rate ; TORF （トーフ））の公表が開始されています。

　TIBOR （Tokyo Inter-Bank Offered Rate）とは，東京の銀行間市場で，資金を供給する（資金を貸す）側が提示する貸出金利をいいます。TIBOR には，無担保コール市場の実勢を反映した「日本円 TIBOR」とオフショア市場（非居住者向けの国際金融市場のことをいいます）の実勢を反映した「ユーロ円 TIBOR」があります。いずれも，メガバンクなどの主要行（リファレンス・バンク）が呈示した金利をもとに全銀協 TIBOR 運営機関が算出・公表を行っています。

⑵　時価の算定に用いるインプットと時価のレベル別分類

　時価の算定には，さまざまな情報が用いられます。時価算定会計基準では，そのような情報のうち，市場参加者が資産または負債の時価を算定する際に用いる仮定を「インプット」といいます（時価算定会計基準第 4 項(5)）。このようにいうと難しく感じるかもしれませんが，上記⑴の例でいえば，イールド・カーブに基づく各期間のスポット・レートがインプットに該当します。インプット

には，観察可能なインプットと観察できないインプットがあります。入手でき
る観察可能な市場データ（たとえば，一般に公表されている市場金利など）に
基づくインプットが観察可能なインプットです。一方，観察可能な市場データ
ではありませんが，入手できる最良の情報に基づくインプットが観察できない
インプットです（時価算定会計基準第4項(5)）。

　時価算定会計基準では，時価の算定に用いるインプットを，さらに以下の3
つのレベルに区分しています。時価の算定において，この順に優先的に使用す
ることになります（時価算定会計基準第11項）。

①　レベル1のインプット

　　時価の算定日において，企業が入手できる活発な市場における同一の資
　産または負債に関する相場価格であり調整されていないものをいいます。
　当該価格が利用できる場合には，原則として，当該価格を調整せずに時価
　の算定に使用します。

②　レベル2のインプット

　　資産または負債について直接または間接的に観察可能なインプットのう
　ち，レベル1のインプット以外のインプットをいいます。

③　レベル3のインプット

　　資産または負債について観察できないインプットをいいます。当該イン
　プットは，関連性のある観察可能なインプットが入手できない場合に用い
　ます。

　レベル1からレベル3のインプットを用いて算定した時価は，その算定にお
いて重要な影響を与えるインプットが属するレベルに応じて，レベル1の時価，
レベル2の時価またはレベル3の時価に分類します。金融商品によっては，時
価を算定するために用いる異なるレベルに区分される複数のインプットが，時
価の算定に重要な影響を与えるインプットであることがあります。その場合，
重要な影響を与えるインプットが属するレベルのうち，時価の算定における優
先順位が最も低いレベルに当該時価を分類します（時価算定会計基準第12項）。

　デリバティブを含む金融商品については，時価のレベルごとの内訳等に関す

る事項を財務諸表に注記することが求められる（§5 **3** 参照）ため，時価の算定に用いるインプットのレベルと時価のレベル別分類について理解することが必要になります。

③　第三者から入手した相場価格の利用

　会計処理または開示に用いる時価は，企業自ら算定することが原則ですが，取引相手の金融機関，ブローカー，情報ベンダー等，第三者から入手した相場価格が時価算定会計基準に従って算定されたものであると判断する場合，当該価格を時価の算定に用いることができます（時価算定適用指針第18項）。また，これにかかわらず，総資産の大部分を金融資産が占め，かつ総負債の大部分を金融負債および保険契約から生じる負債が占める企業集団または企業（以下「企業集団等」といいます）以外の企業集団等においては，第三者が客観的に信頼性のある者で企業集団等から独立した者であり，公表されているインプットの契約時からの推移と入手した相場価格との間に明らかな不整合はないと認められる場合で，かつ，レベル2の時価に属すると判断される場合には，次のデリバティブ取引については，オプションを含むようなものを除き，当該第三者から入手した相場価格を時価とみなすことができます（時価算定適用指針第24項）。

①　インプットである金利がその全期間にわたって一般に公表されており観察可能である同一通貨の固定金利と変動金利を交換する金利スワップ（いわゆるプレイン・バニラ・スワップ）

②　インプットである所定の通貨の先物為替相場がその全期間にわたって一般に公表されており観察可能である為替予約または通貨スワップ

5──ヘッジ会計

　金融商品会計基準では，デリバティブ取引により生じる正味の債権および債務を時価評価し，その評価差額を原則として当期の損益として処理することを前提として，**ヘッジ対象**（リスクを抱えている資産等）および**ヘッジ手段**（デ

リバティブ取引）にかかる損益を同一の会計期間に認識し，ヘッジの効果を財務諸表に反映させるヘッジ会計が規定されました。以下では，金融商品会計基準および金融商品会計実務指針に沿って簡単に考え方を見ることとします（本文中に出てくるデリバティブ取引の内容については適宜§4を参照してください）。

(1) ヘッジ会計とは

ヘッジ会計とは，ヘッジ取引のうち一定の要件を満たすものについて，ヘッジ対象にかかる損益とヘッジ手段にかかる損益とを同一の会計期間に認識し，ヘッジの効果を会計に反映させるための特殊な会計処理です（金融商品会計基準第29項）。ヘッジ取引とは，ヘッジ対象の資産または負債にかかる相場変動を相殺するか，ヘッジ対象の資産または負債にかかるキャッシュ・フローを固定してその変動を回避することにより，ヘッジ対象である資産または負債の価格変動，金利変動および為替変動といった相場変動等による損失の可能性を減殺することを目的として，デリバティブ取引をヘッジ手段として用いる取引をいいます（金融商品会計基準第96項）。たとえば，先物取引にかかるヘッジ会計においては，ヘッジ対象（現物）にかかる損益とヘッジ手段（先物）にかかる損益を同一の会計期間に認識し，前者を後者で相殺する処理を行います。

取　　引	損　　益	
	ケース1	ケース2
ヘッジ対象（現物）	損	益
ヘッジ手段（先物）	益	損

（ケース1・ケース2ともに）相殺

ヘッジ会計を適用するための基本的要件は，ヘッジ対象が相場変動リスクまたはキャッシュ・フロー変動リスクにさらされており，かつ，ヘッジ対象の相場変動またはキャッシュ・フロー変動とヘッジ手段の相場変動またはキャッシュ・フロー変動との間に密接な経済的相関があって，ヘッジ手段がヘッジ対象の相場変動リスクまたはキャッシュ・フロー変動リスクを減少させる効果を

持っていることです。また，適用にあたっては，ヘッジ手段が，ヘッジ取引であることについて客観的に認識できるとともに，ヘッジの効果が客観的に認められることが必要です。

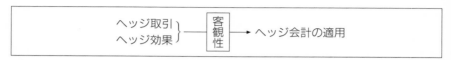

通常は，ヘッジ手段としては，デリバティブ取引が想定されますが，例外的にデリバティブ取引以外のヘッジ手段についてもヘッジ会計が認められる場合があります（金融商品会計実務指針第165項参照）。

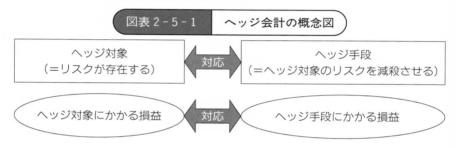

図表2-5-1　ヘッジ会計の概念図

⑵　ヘッジ取引の種類およびヘッジ対象

ヘッジ取引の種類には次の2つがあります。

a　ヘッジ対象の資産または負債にかかる相場変動を相殺することにより，相場変動等による損失の可能性を減殺することを目的とするヘッジ
b　ヘッジ対象の資産または負債にかかるキャッシュ・フローを固定してその変動を回避することにより，相場変動等による損失の可能性を減殺することを目的とするヘッジ

金融商品会計実務指針においては，aを**相場変動を相殺するヘッジ取引**，bを**キャッシュ・フローを固定するヘッジ取引**と呼んでいます。IFRS会計基準および米国会計基準では，aを**公正価値ヘッジ**（Fair Value Hedge），bを**キャッ**

シュ・フロー・ヘッジ（Cash Flow Hedge）と呼んでいます。

　上記のヘッジの種類に対応して，ヘッジ対象も2つの種類が存在することになります。

　相場変動を相殺するヘッジ取引におけるヘッジ対象は，相場変動等による損失の可能性がある資産または負債で，当該資産または負債にかかる相場変動等が評価に反映されていないものもしくは相場変動等が評価に反映されているが評価差額が損益として処理されないものです（金融商品会計基準第30項）。つまり，ヘッジ対象たる資産または負債が時価評価されており，評価差額が当期の損益として処理される場合はヘッジ対象とされないことになりますが，その場合はヘッジ手段も時価評価され評価差額は当期の損益として処理されるので，結果としてヘッジ対象およびヘッジ手段の評価損益は同一の会計期間に認識されることから，特段，ヘッジ会計という手法を採用する必要がないということです。

　また，キャッシュ・フローを固定するヘッジ取引におけるヘッジ対象は，当該資産または負債にかかるキャッシュ・フローが固定されその変動が回避されるものです（金融商品会計基準第30項）。

ヘッジ会計 ＼ ヘッジ対象	時価評価し評価差額を当期損益処理	時価評価し評価差額を純資産直入	原価評価
適　　用	不可(*)	可	可

　（＊）　ただし，後述する**④①**「iv）振当処理」においては，当面の取扱いとして外貨建債権債務の換算差額が当期損益処理されるものも，為替予約等によるヘッジ会計の適用が認められている。

　では，ヘッジの種類について具体例で考えてみます。

　まず，相場変動を相殺するヘッジ取引の例です。

　ある会社が固定金利で長期の貸付けを行っている場合に，期末の市場金利が貸付け時より上昇しているときは仮に貸付金を時価評価すると評価損が算出されます。なぜなら，貸付け時よりも期末時点での長期金利のほうが高いということは，固定金利の貸付金には割安な金利が適用されているということであり，

期末時点での金利水準で貸付けを行った場合に比べ受け取る利息が少なくなるからです。すなわち，将来に受け取るキャッシュ・フローの総額の割引現在価値（貸付金の時価）は，貸付け時より市場金利が上昇すると貸付元本の残高より小さくなります。

この場合，変動受取固定支払の金利スワップを締結することで金利上昇による相場変動のリスクをヘッジすることができるものと考えられます。なぜならば，金利上昇によって，貸付金のほうは評価損（含み損）が発生した場合でも，固定金利の受払いが反対方向である金利スワップのほうで評価益が発生することが見込まれるからです。

この説明では，貸付金は金融商品会計基準における時価評価の対象外であり，当該評価損は会計上認識されないため，理解しにくいかもしれません。しかしながら，たとえば金融業において短期の銀行借入れを継続することにより資金を調達して長期固定金利の貸付けを行っている場合に，市場金利が上昇すれば，受取利息が変わらないのに支払利息が増加し，会計上も利益が減少，あるいは損失が発生してしまうということがわかると思います。

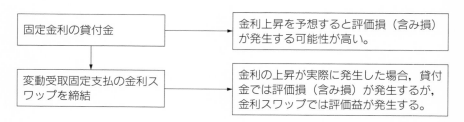

次に，キャッシュ・フローを固定するヘッジ取引です。

ある会社が変動金利（たとえば TIBOR ベース）による資金調達をする場合に，期末に金利水準が上昇した場合には，調達利回りが高騰することも考えられます。この場合には，将来の金利負担を重くしてしまう可能性があります。

この場合，将来の金利水準の上昇に備え，変動受取固定支払の金利スワップを締結することで金利上昇によるキャッシュ・フロー変動のリスクをヘッジすることができます。当該ヘッジ取引によって，支払利息を実質的に変動金利か

ら固定金利に変換し，将来のキャッシュ・フローを確定することによって，キャッシュ・フローの変動を回避することができるからです。

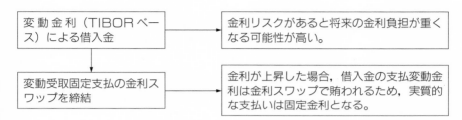

なお，金融商品会計基準においては，ヘッジ対象として予定取引により発生が見込まれる資産または負債も含まれることとされています。ただし，金融商品会計基準（注12）では，**予定取引**とは未履行の確定契約にかかる取引および契約は成立していないが，取引予定時期，取引予定物件，取引予定量，取引予定価格等の主要な取引条件が合理的に予測可能であり，かつ，それが実行される可能性がきわめて高い取引とされています。

すなわち，ヘッジ対象となり得る予定取引については，合理的な予測可能性や実行可能性が極めて高い取引として限定的に考えられており，金融商品会計実務指針第162項では慎重な検討が要求されています。

具体的には，以下の項目を総合的に吟味する必要があるとされています。

- 過去に同様の取引が行われた頻度
- 企業が当該予定取引を行う能力を有しているか
- 当該予定取引を行わないことが企業に不利益をもたらすか
- 当該予定取引と同等の効果・成果をもたらす他の取引がないか
- 当該予定取引発生までの期間が妥当か
- 予定取引数量が妥当か

したがって，ヘッジ対象とする予定取引は発生する確度が高いもののみに限定すべきであり，実際に実行するかどうかわからないような取引は，ヘッジ対象たる予定取引にはなり得ないことに留意が必要です。

⑶　ヘッジ会計の要件

　ヘッジ取引にヘッジ会計を適用するためには，**ヘッジ会計の要件**を満たす必要があります。したがって，ヘッジ会計の適用にあたっては，慎重な検討が必要です。

　具体的には，以下の要件をすべて満たさなければなりません（金融商品会計基準第31項参照）。

①　ヘッジ取引開始時（事前テスト）

> ヘッジ会計が企業のリスク管理方針に従ったものであることが，ヘッジ取引時に，次のいずれかによって客観的に認められること
> - 当該取引が企業のリスク管理方針に従ったものであることが，文書により確認できること
> - 企業のリスク管理方針に関して明確な内部規定および内部統制組織が存在し，当該取引がこれに従って処理されていることが期待されること

　まず，事前に企業のリスク管理方針に従っていることが，文書や内部管理体制等によって客観的に確認できなければなりません。したがって，ヘッジ取引と定めずに取引をしておいて，後で実はヘッジ取引であったとしてヘッジ会計を適用することはできません。

　リスク管理方針としては，少なくとも，管理の対象とするリスクの種類と内容，ヘッジ方針，ヘッジ手段の有効性の検証方法等が挙げられています（金融商品会計実務指針第147項参照）。

　すなわち，会社として正式に決定したリスク管理方針に則って，取引時点で会社としてヘッジ取引であることを明確にしておくことが必要となります。それは，たとえ財務担当役員や社長が，取引時点でヘッジ取引としていなかったものを事後的にヘッジ取引としたいと考えても，そのように取り扱うことは許されないということを意味します。

　なお，ヘッジの有効性については，事前に予測しておく必要があり（金融商品

> **参考** ━━━ **個別ヘッジと包括ヘッジ**
>
> 　金融商品会計基準（注11）では，ヘッジ対象が複数の資産または負債の場合も一定の要件のもとでヘッジ会計を認めていますが，当該ヘッジを包括ヘッジといいます（これに対して原則的なヘッジは取引単位であり，個別ヘッジといいます）。
>
> 　金融商品会計実務指針第152項では包括ヘッジの要件を規定していますが，リスク要因（金利リスク，為替リスク等）が共通しており，かつ，リスクに対する反応が同一グループ内の個々の資産または負債との間でほぼ一様であることを想定しています。
>
> 　したがって，ヘッジ対象の個々の構成物がほぼ同様のものである場合が想定されており，個々にバラツキがあるものの，お互い打ち消しあって全体で一定の範囲内に収まっているようなものは，包括ヘッジの要件を満たさないものと考えられます。

会計実務指針第143項），当初から有効性の検証に耐えがたいと判断されるものにヘッジ会計を適用することは適切ではありません。

②　ヘッジ取引時以降（事後テスト）

> ヘッジ取引時以降において，ヘッジ対象とヘッジ手段の損益が高い程度で相殺される状態またはヘッジ対象のキャッシュ・フローが固定されits変動が回避される状態が引き続き認められることによって，ヘッジ手段の効果が定期的に確認されていること

　事前テストを満たしたヘッジ取引は，ヘッジ期間中継続して高い有効性を満たしていることが要求されています。

　なお，有効性の評価方法については，原則として，ヘッジ期間中一貫して当初定めた方法で確認することが必要となります。

　ところで，ヘッジ有効性の判定は具体的にはどのように行ったらよいので

しょうか。

金融商品会計実務指針第156項では，原則としてヘッジ開始時から有効性判定時点までの期間において，ヘッジ対象の相場変動またはキャッシュ・フロー変動の累計とヘッジ手段の相場変動またはキャッシュ・フロー変動の累計とを比較し，両者の比率が概ね80％～125％の範囲内であれば，ヘッジ対象とヘッジ手段との間に高い相関関係があるものとされています。

なお，ヘッジの有効性は決算日には必ず評価を行い，少なくとも6ヵ月に1回程度実施することが求められています。

たとえば，ある会社が，3ヵ月後に変動金利（ユーロ円 TIBOR＋0.5％）による100億円の借入れ（期間3ヵ月，期日一括返済，利息後払い）を予定しているとします。

この会社は上記の借入れによる金利変動リスクを回避するため，2月1日にヘッジ効果の事前確認により TIBOR との高い相関関係が見込まれたユーロ円金利先物（100契約）を，約定価格97.80で売り建て，ヘッジ指定をしました（予定取引にかかるキャッシュ・フロー・ヘッジと考えられます）。その後，借入実行日の5月1日にこの金利先物を97.62で買い戻し，予定どおり借入れを実行しました。

ユーロ円金利先物およびユーロ円 TIBOR が次のように推移した場合には，有効性はどのようになるのでしょうか。

	2月1日	3月31日	5月1日
ユーロ円金利先物	97.80（2.20％）	97.70（2.30％）	97.62（2.38％）
ユーロ円 TIBOR	96.785（3.215％）	96.70（3.300％）	96.575（3.425％）

(注)　「100－価格」が金利となります。したがって，97.80であれば100－97.80＝2.20％となります。

ヘッジの有効性は金利の変動額で検討する必要がありますが，上記の例ではヘッジ手段の名目元本とヘッジ対象である予定取引の金額が同一であるため，

金利の変動幅で検討しても，同じ結果となります。

	3月31日	5月1日
ユーロ円金利先物の変動幅①	2.3%−2.2%＝0.1%	2.38%−2.2%＝0.18%
ユーロ円 TIBOR の変動幅②	3.300%−3.215%＝0.085%	3.425%−3.215%＝0.21%
変動幅の割合①/②	0.1%/0.085%＝117%	0.18%/0.21%＝85%
判定結果	有効	有効

　ここで，ヘッジの有効性は常にヘッジ取引の開始時点からの累計で判断していることに注意が必要です。すなわち，5月1日の時点では，4月1日〜5月1日で有効性を判定しているわけではなく，2月1日〜5月1日で有効性を判定しています。

⑷　ヘッジ会計の適用
　以下では，ヘッジ会計を適用した場合の会計処理を具体的に述べます。

①　ヘッジ会計の方法
ⅰ）原則的処理（繰延ヘッジ）
　金融商品会計基準第32項においては，ヘッジ会計の原則的処理として，「時価評価されているヘッジ手段に係る損益又は評価差額を，ヘッジ対象に係る損益が認識されるまで純資産の部において繰り延べる方法」が定められています。この方法は，「**繰延ヘッジ**」と呼ばれています。

　繰延ヘッジにおいて繰り延べられるヘッジ手段にかかる損益または評価差額を「**繰延ヘッジ損益**」といいます（損失側（借方）のみを指す場合は「**繰延ヘッジ損失**」，利益側（貸方）のみを指す場合は「**繰延ヘッジ利益**」といいます）が，繰延ヘッジ損益を純資産の部に計上するにあたっては，税効果会計を適用しなければなりません。具体的には，繰延ヘッジ損益に係る繰延税金資産または繰延税金負債の額を控除した金額を純資産の部に計上することになります。

参考 回収可能性適用指針における企業分類

回収可能性適用指針における企業分類は以下のとおりです。

（分類1）に該当する企業

以下の要件をいずれも満たす企業

(1) 過去（3年）および当期のすべての事業年度において，期末における将来減算一時差異を十分に上回る課税所得が生じている。

(2) 当期末において，近い将来に経営環境に著しい変化が見込まれない。

（分類2）に該当する企業

以下の要件をいずれも満たす企業

(1) 過去（3年）および当期のすべての事業年度において，臨時的な原因により生じたものを除いた課税所得が，期末における将来減算一時差異を下回るものの，安定的に生じている。

(2) 当期末において，近い将来に経営環境に著しい変化が見込まれない。

(3) 過去（3年）および当期のいずれの事業年度においても重要な税務上の欠損金が生じていない。

（分類3）に該当する企業

以下の要件をいずれも満たす企業（ただし「（分類4）に該当する企業」の(2)または(3)の要件を満たす場合を除く）

(1) 過去（3年）および当期において，臨時的な原因により生じたものを除いた課税所得が大きく増減している。

(2) 過去（3年）および当期のいずれの事業年度においても重要な税務上の欠損金が生じていない。

なお，(1)における課税所得から臨時的な原因により生じたものを除いた数値は，負の値となる場合を含む。

（分類4）に該当する企業

以下のいずれかの要件を満たし，かつ，翌期において一時差異等加

減算前課税所得が生じることが見込まれる企業

⑴　過去（3年）または当期において，重要な税務上の欠損金が生じている。

⑵　過去（3年）において，重要な税務上の欠損金の繰越期限切れとなった事実がある。

⑶　当期末において，重要な税務上の欠損金の繰越期限切れが見込まれる。

（分類5）に該当する企業

以下の要件をいずれも満たす企業

⑴　過去（3年）および当期のすべての事業年度において，重要な税務上の欠損金が生じている。

⑵　翌期においても重要な税務上の欠損金が生じることが見込まれる。

　なお，ヘッジ会計を適用したことによる繰延ヘッジ損益の計上は一時差異が生じる原因となりますが，このうち，繰延ヘッジ損失にかかる将来減算一時差異については，回収可能性を判断したうえで繰延税金資産を計上し，繰延ヘッジ利益にかかる将来加算一時差異については繰延税金負債を計上します。なお，繰延ヘッジ損失にかかる将来減算一時差異に関する繰延税金資産は（分類1）および（分類2）に該当する企業に加え（分類3）に該当する企業においても回収可能性があるものとされています（回収可能性適用指針における企業分類については上記「参考」参照）。

ⅱ）例外的処理（時価ヘッジ）

　例外として，金融商品会計基準第32項ただし書きにおいて「ヘッジ対象である資産又は負債に係る相場変動等を損益に反映させることにより，その損益とヘッジ手段に係る損益とを同一の会計期間に認識することもできる。」とされています。この方法は，「**時価ヘッジ**」と呼ばれています。

　時価ヘッジは，現時点ではヘッジ対象がその他有価証券である場合にのみ適用が可能と解されています（金融商品会計実務指針第185項参照）。その他有価証券は時価評価され，評価差額は原則として純資産の部に直接計上（純資産直入）

参考 有価証券の評価

金融商品会計基準においては，有価証券をその保有目的に応じて4つの区分に分けることになりますが，それぞれの評価について簡単にまとめると以下のとおりです。

保有目的	評価基準等
売買目的有価証券	時価評価。なお，評価差額は当期損益処理となるため，ヘッジ会計の対象にはならない。
満期保有目的の債券	償却原価法。なお，金利スワップの特例処理の要件に該当する場合を除き，金利変動リスクに関するヘッジ対象とすることはできない（金融商品会計実務指針第161項参照）。
子会社株式及び関連会社株式	原価法
その他有価証券	時価評価。なお，評価差額の取扱いは以下のどちらかの方法による。 ● 評価差額は純額で純資産の部に直接計上＝全部純資産直入法 ● 評価差益は純資産の部に直接計上，評価差損は当期損益処理＝部分純資産直入法

されます。その他有価証券をヘッジ対象とする場合には，ヘッジ手段となるデリバティブの時価評価差額を繰延ヘッジにより純資産の部において繰り延べることにより，ヘッジ対象とヘッジ手段の時価変動額を同一の会計期間に認識することもできますが，反対にその他有価証券の時価評価差額を当期の損益として処理することによっても，ヘッジの効果を会計に反映させるという目的が達成できるということです。なお，国際財務報告基準および米国会計基準においては，ヘッジ取引の種類が相場変動を相殺するヘッジ（公正価値ヘッジ）である場合のヘッジ会計の方法として，時価ヘッジの会計処理が強制されます。

iii）金利スワップの特例処理

金融商品会計基準においては，金利スワップについては利用状況を勘案して，特例処理が認められています。

　金利スワップは，固定利付債務の支払利息を変動利息に，あるいは，変動利付債務の支払利息を固定利息に実質的に変換するなどの目的で利用されています。

　当該利用目的による実務慣行を勘案して，金利スワップをヘッジ手段とした場合にヘッジ会計の要件を満たしているものについては，さらに一定の要件を満たした場合において，金利スワップを時価評価せず，金利スワップにかかる金銭の受払いの純額等をヘッジ対象たる資産または負債にかかる利息に加減して処理する特例が認められています（詳しくは§4 **3** を参照してください）。なお，金利スワップの特例処理の要件を満たす場合には，原則的な処理と特例処理のどちらも選択することが可能ですが，その違いは，前者においては貸借対照表上に金利スワップの時価相当額が資産または負債として計上されるとともに繰延ヘッジ損益が純資産の部に計上され，後者においてはいずれも計上されないということになります。

iv）振当処理

　金融商品会計基準第43項において，ヘッジ会計の適用にあたり，決済時における円貨額を確定させることにより為替相場の変動による損失の可能性を減殺するため，為替予約，通貨先物，通貨スワップおよび権利行使が確実に見込まれる買建通貨オプションを外貨建金銭債権債務等のヘッジ手段として利用している場合において，ヘッジ会計の要件が満たされているときは，外貨建基準における振当処理も，ヘッジの効果を財務諸表に反映させる1つの手法と考えられるため，当分の間，振当処理を採用することも認めることとされています。

　振当処理とは，外貨建取引および金銭債権債務等に為替予約等により確定する決済時における円換算額を付し，振当時の直物為替相場による円換算額との差額を期間配分する方法をいいます。具体的には，当該金銭債権債務等の取得時または発生時の為替相場（決算時の為替相場を付した場合には当該決算時の為替相場）による円換算額と為替予約等による円貨額との差額のうち，予約等の締結時までに生じている為替相場の変動による額（**直々差額**）は予約日の属する期の損益として処理する一方で，残額（**直先差額**）は予約日の属する期か

ら決済日の属する期までの期間にわたって合理的な方法により配分し，各期の損益として処理します。ただし，当該残額について重要性が乏しい場合には，当該残額を予約日の属する期の損益として処理することができます。

なお，取得時または発生時の為替相場による円換算額と為替予約等による円貨額との差額のうち次期以降に配分される額は，繰延ヘッジ損益とは異なり，貸借対照表上，資産の部または負債の部に記載します。

振当処理の対象となる外貨建金銭債権債務等は，為替予約等が振当処理されることにより将来のキャッシュ・フローが固定されるものに限られます。また，振当処理が認められる通貨スワップはいわゆる直先フラット型または為替予約型についてのみに，通貨オプションは契約締結時において権利行使が確実に行われると認められる買建てのみに限られます（詳しくは§4 **3** および **4** を参照してください）。

② ヘッジ会計の中止

ヘッジ対象が消滅する前にヘッジ会計の適用を取りやめることを**ヘッジ会計の中止**といいます。

金融商品会計実務指針第180項では，以下の場合には，ヘッジ会計を中止しなければならないものとされています。

- ● ヘッジ関係が企業のヘッジ有効性の評価基準を満たさなくなった場合
- ● ヘッジ手段が満期，売却，終了または行使のいずれかの事由により消滅した場合

すなわち，ヘッジ対象は存在するもののヘッジの有効性がなくなったり，ヘッジ手段が存在しなくなったりしたケースが該当します。

ヘッジ会計を中止する場合には，その時点までのヘッジ手段にかかる損益または評価差額はヘッジ対象にかかる損益が認識されるまで繰延処理されることになります。

　また，ヘッジ有効性の評価基準を満たさなくなった場合には，中止以降のヘッジ手段にかかる損益または評価差額は発生した会計期間の損益として計上しなければなりません。

　上記の取扱いは，ヘッジ会計の中止時点まではヘッジ関係が有効であったことから，当該ヘッジ関係にかかるヘッジ手段の損益等はヘッジ対象に対応させることが合理的であるという考え方によっています。

	ヘッジ中止時点までの損益等	ヘッジ中止時点以降の損益等
処理方法	ヘッジ対象にかかる損益と対応させる	発生した期間の損益として認識する

　たとえば，借入金の金利リスクをヘッジしていた場合（金利スワップについて繰延ヘッジを採用しているような場合）においてヘッジ有効性の評価基準を満たさなくなった場合には，ヘッジ会計の中止の時点まで繰り延べていたヘッジ手段にかかる損益は，ヘッジ対象（借入金）の満期までの期間にわたり金利の調整として損益に配分することになります。また，中止以降にかかる損益は毎期時価評価し，時価評価額の変動額は発生した期の損益として処理することになります。

　なお，ヘッジ会計を中止した場合に，中止後の相場変動等により，ヘッジ対象にかかる含み益が減少して，繰り延べていたヘッジ手段にかかる損失または評価差額に対して重要な不足額が生じている場合（ヘッジ対象にかかる含み益＜繰り延べていたヘッジ手段にかかる損失等のケース）においては，当該損失部分を見積もって当期の損失として処理することが求められています（金融商品会計実務指針第182項参照）。

　これは，繰延処理していたヘッジ手段にかかる損失等は資産計上されていることから，当該繰延処理された損失等に見合う含み益に明らかに重要な不足額がある場合には，資産の回収可能性といった観点から当該含み損を損失として処理すべきであるといった考え方に基づくものです（金融商品会計実務指針第349項参照）。

③　ヘッジ会計の終了

　ヘッジ対象が消滅した場合またはヘッジ対象である予定取引が実行されないことが明らかになった場合にヘッジ会計の適用を取りやめることを，**ヘッジ会計の終了**といいます。このような場合においては，ヘッジ対象が存在しなくなったことから，ヘッジ自体が成り立たなくなっています。

　ヘッジ会計の終了の場合には，繰り延べられていたヘッジ手段にかかる損益または評価差額は当期の損益として処理しなければなりません（金融商品会計実務指針第181項）。

　これは，ヘッジ対象がもはや存在しないので，繰延処理をすることはできなくなるという考え方によるものです。

④　その他の留意事項

ⅰ）満期保有目的の債券のヘッジ対象としての適格性（金融商品会計実務指針第161項）

　満期保有目的の債券は，原則として金利変動リスクに関するヘッジ対象とすることはできないものとされています。これはそもそも満期まで保有すること

が明確なことから，満期までの間の金利変動による価格変動のリスクを認める
必要がないことによります。

　ただし，債券取得の当初から金利スワップの特例処理の要件に該当する場合
にはヘッジ対象とすることができます。

　これは，変動利付債券も満期保有目的の債券たり得ることから，固定利付債
券を購入当初から金利スワップで実質変動利付債券に変えている場合について
も同様と考えられるため，例外的に認められたものです。

ⅱ）連結会社間取引のヘッジの可否（金融商品会計実務指針第163項，第164項）

⑦　連結会社間取引をヘッジ対象とする場合

　　個別財務諸表上繰延処理されたヘッジ手段にかかる損益または評価差額
　は，連結決算上は，ヘッジ対象が消去されてしまうことから，原則として，
　ヘッジ関係はなかったものとして取り扱うことになります。すなわち，繰
　延処理ではなく，当期の損益として認識することになります。

　　ただし，連結会社間取引のうち，外貨建ての適格な予定取引における為
　替変動リスクをヘッジする目的で保有するヘッジ手段については，ヘッジ
　会計の適用ができることとされています。これは，為替変動にかかるエク
　スポージャー（リスクにさらされている残高）は消去されずに残るため，
　当該予定取引はヘッジ対象となり得ると考えられるからです。

　　また，連結上消去される連結会社間取引（内部取引）が，一方の会社の
　外部取引と紐付きになっている場合において，他方の会社が内部取引につ
　いてヘッジを行っているときは，そのヘッジを連結決算上で外部取引にか
　かるヘッジとして改めて指定することができます。すなわち，連結グルー
　プで見たときにおいて，外部取引と個別に紐付いていると認められる場合
　には，ヘッジ指定が可能とされます。

㋺　連結会社間で行っているデリバティブ取引をヘッジ手段とする場合

　　連結会社間で行っているデリバティブ取引が連結会社の個別財務諸表上でヘッジ手段として指定されている場合，連結決算上は消去し，ヘッジ関係がなかったものとして処理します。

　　ただし，デリバティブ取引についても，外部とのデリバティブ取引との個別対応が明確であれば，㋑と同様に当該外部とのデリバティブ取引を連結上のヘッジ手段としてヘッジ指定することが可能とされています。

iii）外貨建取引にかかるヘッジ（金融商品会計実務指針第167項～第169項）

㋑　外貨建金銭債権債務および外貨建有価証券に対するヘッジ

　　決算日レートで換算される外貨建金銭債権債務および外貨建有価証券については，次のいずれかの方法によるものとされています。

---

①　デリバティブである為替予約等を金融商品会計基準に従って処理する。

②　為替予約等をヘッジ対象である外貨建金銭債権債務等に振り当てる（振当処理）。なお，振当処理が認められるのは「当分の間」とされており，ヘッジの要件を満たすことが適用の条件となっている。

---

　　①の場合には，ヘッジ対象およびヘッジ手段はともに時価評価されることから，損益の計上時期が一致することになります。したがって，ヘッジ会計を適用する必要がないというのがその考え方です。

　　ただし，ヘッジ対象が外貨建てのその他有価証券であり，為替換算差損

益を純資産の部に直接計上しているときは，ヘッジ会計が必要となります。

　②の場合には，ヘッジ対象を予約レートで換算し，ヘッジ手段とヘッジ対象の評価差額および換算差額を計上しない点で，①の場合の処理と相違することになります。

　しかし，外貨建基準においては，予約レートと直物レートとの差額は期間配分することとされているため，一般に，為替予約等を時価評価した場合と損益計算書上では重要な差異は生じないものと考えられています。

ロ　外貨による予定取引の為替リスクのヘッジ

　原則として，ヘッジ会計の要件を満たす場合には，繰延処理を行うことになります。

　ただし，将来の外貨建貸付け・借入れまたは外貨建有価証券（その他有価証券および子会社・関連会社株式を除く）の取得のための為替変動によるキャッシュ・フローを固定する手段にかかる損益または評価差額は，ヘッジ会計の対象とはせず，当期の損益となります。これは，為替ポジションの面から見れば，外貨建金銭債権債務または外貨建有価証券の換算差額と同様の性格を有するためです。

iv）予定取引実行時の処理（金融商品会計実務指針第170項）

予定取引のヘッジによりヘッジ手段に生じた損益または評価差額は，ヘッジ対象にかかる損益が認識されるまで繰延処理されます。

イ　予定取引により損益がただちに発生する場合

　予定取引の実行時に，繰延ヘッジ損益を当期の損益として処理します。なお，勘定科目は，原則としてヘッジ対象取引にかかる損益科目とします。

ロ　予定取引が資産の取得である場合

　繰延ヘッジ損益は資産の取得価額に加減し，当該資産の取得価額が費用計上される期の損益に反映させることになります。

　ただし，取得する資産が貸付金等の利付金融資産である場合には，受取利息の発生に対応させるため，当該資産を区分して処理することができます。

ハ　予定取引が利付負債の発生である場合

> 繰延ヘッジ損益は，当該負債とは区分して計上し，繰延償却法により当該負債にかかる利息費用の発生に対応するように各期の損益に配分することになります。

ⅴ）ヘッジ非有効部分の処理（金融商品会計実務指針第172項）

ヘッジ全体が有効と判定され，ヘッジ会計の要件が満たされている場合には，ヘッジ手段に生じた損益のうち，結果的に非有効となった（ヘッジ対象の相場変動またはキャッシュ・フロー変動と相殺されない）部分（**ヘッジ非有効部分**）についても，ヘッジ会計の対象として繰延処理することができます。

なお，非有効部分を合理的に区分できる場合には，非有効部分を繰延処理の対象とせずに当期の損益に計上する方針を採用することができます。

すなわち，ヘッジ全体が有効とされた場合には，非有効部分については，ヘッジ会計の対象とする処理も，対象外とする処理もどちらも認められます。ただし，ヘッジ会計の対象外とする処理については，非有効部分を合理的に区分できる場合に限られます。

6 ── 複合金融商品

複合金融商品について，金融商品会計基準では，払込資本を増加させる可能性のある部分を含む複合金融商品とその他の複合金融商品に区別して，それぞれ処理方法を定めています。前者には，新株予約権付社債が該当します。後者には，金利オプション付借入金のように現物の金融資産または金融負債とデリバティブ取引が組み合わされたものおよびゼロ・コスト・オプションのように複数のデリバティブ取引が組み合わされたものが該当します。

払込資本を増加させる可能性のある部分を含む複合金融商品のうち新株予約権付社債については，転換社債型新株予約権付社債と転換社債型新株予約権付社債以外の新株予約権付社債に区別されます。

転換社債型新株予約権付社債は，発行者側と取得者側の会計処理に分けたうえで，発行者側は，いわゆる一括法（社債の対価部分と新株予約権の対価部分

に区分せず，普通社債の発行に準じて処理する方法）と区分法（社債の対価部分と新株予約権の対価部分に区分したうえで，社債の対価部分は普通社債の発行もしくは取得に準じて処理し，新株予約権の対価部分は新株予約権の発行者側もしくは取得者側の会計処理に準じて処理する方法）のいずれかにより会計処理を行う一方，取得者側は，一括法によって処理します。これに対して，転換社債型新株予約権付社債以外の新株予約権付社債については，発行者側および取得者側とも区分法によって処理します（詳しくは§4 **5** を参照してください）。

　次に，金融商品会計基準第40項においては，契約の一方の当事者の払込資本を増加させる可能性のある部分を含まない複合金融商品は，原則として，それを構成する個々の金融資産または金融負債とに区分せず一体として処理するものとされています。しかし，同基準第117項においては，通貨オプションが組み合わされた円建借入金のように，現物の金融資産または金融負債にリスクが及ぶ可能性がある場合に，当該複合金融商品の評価差額が損益に反映されないときには，当該複合金融商品を構成する個々の金融資産または金融負債を区分して処理することが必要であるとされています。

　これに関して，その他複合金融商品適用指針では，複合金融商品に組み込まれたデリバティブは，下記のすべての要件を満たした場合には，組込対象である金融資産または金融負債とは区分して時価評価し，評価差額を当期の損益として処理するものとされています（詳しくは§4 **5** を参照してください）。

---

① 組込デリバティブのリスクが現物の金融資産または金融負債に及ぶ可能性があること
② 組込デリバティブと同一条件の独立したデリバティブが，デリバティブの特徴を満たすこと
③ 当該複合金融商品について，時価の変動による評価差額が当期の損益に反映されていないこと

§3

デリバティブ取引に関する内部統制

[1]──デリバティブ取引における内部統制の重要性

　内部統制とは，基本的に，業務の有効性および効率性，財務報告の信頼性，事業活動に関わる法令等の遵守ならびに資産の保全の4つの目的が達成されているとの合理的な保証を得るために，業務に組み込まれ，組織内のすべての者によって遂行されるプロセスをいい，統制環境，リスクの評価と対応，統制活動，情報と伝達，モニタリング（監視活動）およびIT（情報技術）への対応の6つの基本的要素から構成されます（内部統制基準Ⅰ.1.）。

　デリバティブ取引は，一般事業会社における金融取引の中でもとくに内部統制が重要とされていますが，それは，デリバティブ取引には，伝統的な金融商品と異なる以下のような特徴を有しているからであると考えられます。

① 取引の開始時においては，取引に伴う現金の受払いがまったくないかまたはほとんどないことがある。

② 相場変動による影響を大きく受けやすい。

③ 店頭取引のデリバティブ取引については，複数のデリバティブや他の金融商品の組み合わせを柔軟に行うことができる反面，リスクを正しく理解することが困難であったり，客観的な時価の算定が困難となる場合がある。

④ 取引を行うためには専門的知識を有することから担当者・責任者が固定しがちである。

⑤　トレーディングあるいは外貨建売掛金等の包括ヘッジを行う場合など，多数のデリバティブ取引を処理するためには高度な情報システムの構築が必要となる。

⑥　決済や会計処理に必要な契約条件が多く，事務処理を誤りやすい。

以下では，デリバティブ取引に関する内部統制の構築において留意すべき点を，内部統制基準における内部統制の基本的要素ごとに解説します。

2 ── 統制環境

統制環境とは，組織の気風を決定し，組織内のすべての者の統制に対する意識に影響を与えるとともに，他の基本的要素の基礎をなし，リスクの評価と対応，統制活動，情報と伝達，モニタリングおよびITへの対応に影響を及ぼす基盤をいい，たとえば，次の事項が挙げられます（内部統制基準 I . 2 .(1)）。

①　誠実性および倫理観

②　経営者の意向および姿勢

③　経営方針および経営戦略

④　取締役会および監査役，監査役会，監査等委員会または監査委員会（以下「監査役等」といいます）の有する機能

⑤　組織構造および慣行

⑥　権限および職責

⑦　人的資源に対する方針と管理

デリバティブ取引を行う企業の統制環境における留意点として，たとえば，以下の点が挙げられます。

①　経営者が取引内容を理解していること

②　デリバティブ取引の利用目的や利用方針を取締役会等で十分に審議して決定すること

③　デリバティブ取引の利用目的や利用方針に応じた組織の整備，人材配置，権限設定，取締役会等への報告が行われること

③——リスクの評価と対応

　リスクの評価と対応とは，組織目標の達成に影響を与える事象について，組織目標の達成を阻害する要因をリスクとして識別，分析及び評価し，当該リスクへの適切な対応を行う一連のプロセスをいいます（内部統制基準Ⅰ.2.(2)）。

　リスク評価は，通常，全社的な観点から行うものですが，個々の業務プロセスにかかる内部統制を構築する際には，当該業務におけるリスクの評価が必要となります。上記①に挙げたデリバティブ取引の特徴は，いずれも業務プロセスにかかる内部統制を構築するにあたって識別すべきリスクにつながるものです。特徴のそれぞれについて，財務報告にかかる内部統制におけるリスクの観点から考えてみましょう。

ⅰ）取引の開始時においては，取引に伴う現金の受払いがまったくないかまたはほとんどないことがあること

　この特徴からは，総勘定元帳および財務諸表の作成に責任を有する財務・経理部門において，取引が行われたことに気づかず，結果的に取引が網羅的に記録されないリスクが相対的に高いということがいえます。

　これに対応するためには，デリバティブ取引の締結時点において確実に適切な帳簿記録を行う体制が必要になります。また，それ以前に，締結前における承認手続が重要となります。

ⅱ）相場変動による影響を大きく受けやすいこと

　少ない資金で多額の取引が行える，すなわち，レバレッジ効果を有することがデリバティブ取引の特徴ですが，契約額や想定元本について現金の受払いが行われないことが多いために，相場変動による影響に対する認識を誤りがちです。トレーディング目的で行っている場合はもちろんですが，ヘッジ目的で行っている場合もヘッジの有効性を適切に評価しないと，適切な財務報告はできません。

　これに対応するためには，デリバティブ取引を適時に時価評価し，経営者に

報告する体制が必要です。また，デリバティブをヘッジ目的で行っている場合には，ヘッジの有効性を定期的に評価する体制が必要です。

iii）店頭取引のデリバティブ取引については，複数のデリバティブや他の金融商品の組み合わせを柔軟に行うことができる反面，リスクを正しく理解することが困難であること

一般事業会社においては，銀行や証券会社などから，さまざまな金融商品を勧められることがあると思いますが，中にはリスクを正しく理解することが困難なものがあります。たとえば，ヘッジ取引については，リスクを限定するという本当の意味でのヘッジになっているか，複合金融商品については，どのような場合に損失をこうむるのか，といった点です。リスクを正しく理解できないと，会計基準等に準拠した会計処理が行われないリスクも高くなります。

これに対応するためには，金融商品への投資を含む金融取引を検討する際にリスクを正しく理解し，納得するまで銀行や証券会社などの説明を求めるということが必要です。そして，取引を実行する際には，リスクの正しい理解に基づく企業としての経済合理性を社内で説明し，適切な承認を得る体制が必要となります。当然のことながら，当該取引の承認者もまた，リスクを正しく理解したうえで承認するのでなければなりません。なお，金融商品取引法等により，銀行や証券会社などの金融商品販売業者等に対する顧客保護の観点からの規制が強化されているので，疑問点がすべて解消するまで遠慮なく説明を求めることができると思います（ただし，上場会社等は申出がない限り，「特定投資家」となり金融商品販売業者等に契約締結前書面交付義務などが適用されないため，積極的に説明を求めることが必要です）。とくに通常の取引と比較して，利回りの高い投資商品，当初の金利が低い借入金，キャッシュ・フローが不規則となる金融取引スキーム等については留意が必要です。

iv）取引を行うためには専門的知識を有することから担当者・責任者が固定しがちであること

デリバティブ取引は，ヘッジ目的であっても，トレーディング目的であっても，特定の部署において専門的知識を有する人が取り扱うことが適切ですが，

そうなると，一方で，その部署あるいは担当者以外は取引の内容を理解していない，あるいは極端な場合においては取引の存在すら知らないという弊害が生まれがちで，取引が網羅的に記録されないリスクが高くなります。しかも，取引の内容について理解している人が限定されているということは，不正を行う誘因にもなりますし，部署内の承認手続があったとしても，共謀によって無効となることも考えられます。

　これに対応するためには，適切な職務分離が必要です。職務分離の程度は，デリバティブ取引の利用状況によって異なりますが，少なくとも，実行担当者，記帳担当者，契約書・取引確認書管理担当者は，別々の人が担当するようにしなければなりません。できれば，それぞれ異なる部署または責任者の下で業務を行うようにするべきです。不正への対応としては，取引実行部署とは別の部署が契約書・取引確認書の管理を行い，当該部署が直接，取引相手と契約書や取引確認書を取り交わす体制が有効と考えられます。

　ⅴ）トレーディングあるいは外貨建売掛金等の包括ヘッジを行う場合など，多数のデリバティブ取引を処理するためには高度な情報システムの構築が必要となること

　これは，リスクという形で表現すれば，高度な情報システムがないことにより，多数のデリバティブ取引の時価を適時に把握できないリスク，あるいは，会計処理を正確に行うことができないリスクということになります。

　これに対応するためには，言うまでもなく，デリバティブ取引の利用状況に応じた情報システムの構築が必要です。

　ⅵ）決済や会計処理に必要な契約条件が多く，事務処理を誤りやすいこと

　デリバティブ取引は伝統的な金融商品と比較して，決済や会計処理に必要な契約条件が多くあります。金利スワップであれば，想定元本，変動金利の利率，固定金利の利率，変動金利の決定日，直近の変動金利インデックスの利率，各決済日などの情報が誤っていると，各決済日における決済金額や将来キャッシュ・フローの見積りに基づいて算定される時価も誤ったものになります。リスクとしては，誤った金額で決済が行われるリスク，正確な時価評価が行われ

50

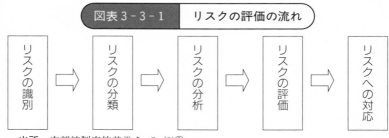

図表 3 - 3 - 1　リスクの評価の流れ

リスクの識別　⇒　リスクの分類　⇒　リスクの分析　⇒　リスクの評価　⇒　リスクへの対応

出所　内部統制実施基準Ⅰ.2.(2)①

ないリスクがあるということになります。

　これに対応するためには，決済や会計処理に必要な情報を網羅的かつ正確に記録する体制が必要です。

　なお，上記のⅰ）からⅵ）はあくまでも例示であり，デリバティブ取引に関する財務報告にかかる内部統制において評価すべきリスクを網羅したものではありません。また，デリバティブ以外にも広範に影響を及ぼす全社的なリスクとして識別される場合もあります。リスクの評価と対応には，厳密には，識別，分類（全社的なリスクか業務プロセスのリスクか，過去に生じたリスクか未経験のリスクかなど），分析，評価，対応というプロセスが必要です。

④──**統制活動**

　統制活動とは，経営者の命令および指示が適切に実行されることを確保するために定める方針および手続をいいます。統制活動には，権限および職責の付与，職務の分掌等の広範な方針および手続が含まれます。このような方針および手続は，業務のプロセスに組み込まれるべきものであり，組織内のすべての者において遂行されることにより機能するものです（内部統制基準Ⅰ.2.(3)）。

　デリバティブ取引をトレーディング目的で行っている企業においては，デリバティブ取引業務が独立した業務プロセスとなると考えられます。一方，ヘッ

ジ目的で利用している場合は，ヘッジの対象となる取引に関係する業務プロセスの一部として位置付けられるかもしれません。それぞれの場合におけるデリバティブ取引業務にかかる統制活動としては，以下のようなものが考えられます。

(1) トレーディング目的で利用している場合

① 全般的な体制

- ■取引を実行する部署（**フロント・オフィス**といいます）と取引を記帳・管理する部署（**バック・オフィス**といいます）の分離

    契約書・取引確認書の作成・管理，取引の決済，取引の会計帳簿への記録，契約書・取引確認書と会計帳簿（取引台帳）との照合，取引残高の時価評価，総勘定元帳への記帳（財務会計システムへの入力），会計伝票の作成または承認は，バック・オフィスが担当すべき業務です。さらに，独立したリスク管理部署（**ミドル・オフィス**といいます）を置く場合もあります。

- ■業務に精通した管理者の配置
- ■部署ごと，トレーダーごとの取引限度額の設定および限度額を超過する場合の承認手続の制定
- ■新規取扱商品の承認手続の制定
- ■取引の相手先の限定
- ■長期連続休暇制度およびその確実な運用を確保する体制
- ■方針および手続の文書化

    新規取扱商品が導入された場合や既存商品が改訂された場合などにおいて，適時に更新される体制が必要です。

- ■取引種類別の時価算定方法の制定

② 取引の処理に関する手続

- ■取引があらかじめ設定された限度額を超えていないことの事前確認

■トレーダーによる約定伝票の作成

■約定伝票の連番管理

■フロント・オフィスの管理者による取引の承認

■フロント・オフィスにおける取引の記帳の確認

■トレーダーごとの取引残高，実現損益・評価損益の報告および管理者によるモニタリング

■取引確認手続

　　取引確認手続は，デリバティブ取引の処理における極めて重要な統制活動です。重要な契約条件が網羅された取引確認書を約定日後ただちに取引相手に発送することが必要です。また，バック・オフィスが，取引相手から直接，取引確認書を受け取ることが不正の防止・発見の観点から重要です。受け取った取引確認書は取引記録（会計帳簿）と照合し，差異があれば速やかに調査します。受け取るべき取引確認書が到着しない場合は適時に相手先に問い合わせます。

■決済予定表の作成

　　資金繰りの観点から，日々の決済額をあらかじめ把握することが必要です。外貨建取引を行っている場合は，通貨別に把握しておかなければなりません。

③　取引残高の管理

■フロント・オフィスの記録とバック・オフィスの記録（会計帳簿）との照合

■補助簿と総勘定元帳との照合

■取引相手から入手した取引残高明細または残高確認書と会計帳簿との照合

④　時価評価

■保有する商品ごとの適切な時価算定方法の決定と承認

- ■時価の算定に必要な情報の入手
- ■適切な知識を有する管理者による時価の算定の査閲

　　非上場デリバティブ取引について，取引相手の金融機関，ブローカー，情報ベンダー等，第三者から入手した相場価格が時価算定会計基準に従って算定されたものであると判断し，当該価格を時価の算定に用いる場合（§2 **4** (3)参照）には，時価算定適用指針第43項に例示されている手続を参考とした手続を定め，当該手続が実施されていることを確かめる内部統制が必要となります。

- ■時価の算定資料と決算伝票との照合

⑵　ヘッジ目的で利用している場合

　ヘッジ目的で利用している場合に追加すべき統制活動としては，以下のようなものが考えられます。

①　全般的な体制

- ■リスク管理方針の文書化

　　リスク管理方針として，少なくとも，管理の対象とするリスクの種類と内容，ヘッジ方針，ヘッジ手段の有効性の検証方法等のリスク管理の基本的な枠組みを文書化し，企業の環境変化等に対応して見直しを行う必要があります（金融商品会計実務指針第147項）。

　　具体的には，ヘッジの対象とするリスクとして，為替変動リスク，金利変動リスク，価格変動リスク等とこれらのリスクに対して相場変動を相殺するヘッジを行うのかキャッシュ・フローを固定するヘッジを行うのか，個別ヘッジによるのか包括ヘッジによるのか，リスク・カテゴリー別のヘッジ比率，ヘッジ対象の識別方法，さらに，ヘッジ対象およびリスク・カテゴリー別に，いかなるヘッジ手段を用いるかを明確にする必要があります。また，ヘッジ取引の方針を決めるにあたり，ヘッジ手段の有効性について事前に予測しておく必要があります。

■ヘッジ有効性の評価方法の文書化

　相場変動またはキャッシュ・フロー変動の相殺の有効性を評価する方法は，ヘッジ開始時点で明確化し，ヘッジ期間を通じ一貫してその方法を用いることにより，ヘッジ関係が高い有効性をもってヘッジ対象リスクを相殺していることを確認しなければなりません。個々のヘッジ取引を行う都度，社内承認文書上で文書化することも認められますが，リスク管理方針に関する内部規程に従って多数のヘッジ取引を行う場合には，当該規程に定めておくことが望まれます。

　また，通常，同種のヘッジ関係には同様の有効性の評価方法を適用すべきであり，同種のヘッジ関係に異なる有効性の評価方法を用いるべきではありません（金融商品会計実務指針第143項）。

②　取引の処理に関する手続

■管理者によるヘッジ取引がリスク管理方針に従ったものであるかどうかの検討

■ヘッジ有効性の評価

　ヘッジ対象の相場変動またはキャッシュ・フロー変動とヘッジ手段の相場変動またはキャッシュ・フロー変動との間に高い相関関係があったかどうか（ヘッジ対象の相場変動またはキャッシュ・フロー変動がヘッジ手段によって高い水準で相殺されたかどうか）をテストしなければなりません。決算日には必ずヘッジ有効性の評価を行い，少なくとも6ヵ月に1回程度，有効性の評価を行わなければなりません（金融商品会計実務指針第146項）。

　また，ヘッジの有効性テストの結果は，同一ヘッジ取引につきその後のヘッジにかかる事前テストに反映することになります（金融商品会計実務指針第147項）。

■予定取引をヘッジ対象とする場合における，主要な取引条件が合理的に予測可能であり，かつ，それが実行される可能性が極めて高い取引に該

　当するか否かの検討
　■金利スワップの特例処理，為替予約等の振当処理を行う場合における適
　　用要件を満たしているか否かの検討

5 ── 情報と伝達

　情報と伝達とは，必要な情報が識別，把握および処理され，組織内外および
関係者相互に正しく伝えられることを確保することをいいます。組織内のすべ
ての者が各々の職務の遂行に必要とする情報は，適時かつ適切に，識別，把握，
処理され伝達されなければなりません。また，必要な情報が伝達されるだけで
なく，それが受け手に正しく理解され，その情報を必要とする組織内のすべて
の者に共有されることが重要です（内部統制基準Ｉ．2．(4)）。

　デリバティブ取引に関する内部統制については，他の取引と比較して，以下
の点において，情報と伝達が重要となると考えられます。

(1)　フロント・オフィスとバック・オフィスにおける情報の共有

　多数のデリバティブ取引を行う企業においては，フロント・オフィスとバッ
ク・オフィスの職務分離が極めて重要であるということは，既に述べたとおり
です。しかし，職務分離が有効に機能するためには，相互に情報を共有する体
制が構築されていることが前提となります。もし，フロント・オフィスが通常
の取引先とは異なる企業とデリバティブ取引を行ったとすると，実行した取引
に関する情報が適時にバック・オフィスに伝わる体制がなければ，バック・オ
フィスが当該取引の存在に気づくことは困難です。そのような状態では，組織
上は職務分離が行われていたとしても，重要な損失の発生に気づくのが遅れた
り，資金決済に支障を来たしたりしかねません。

　したがって，フロント・オフィスで実行した取引に関する情報が適時にバッ
ク・オフィスに流れる仕組み，トレーディング取引を行っている企業ではとく
に，フロント・オフィスのシステムへの入力データが同時にバック・オフィス

のシステムに流れる仕組みが必要です。

⑵　経営者への取引の状況の適時報告

　デリバティブ取引は，相場変動の影響を受けやすく，トレーディング取引においては，取引残高，実現損益・評価損益の状況を，ヘッジ取引については，経営者が意図したヘッジが有効に行われているのかどうかを適時に報告する必要があります。とくにトレーディング取引においては，担当役員に対しては日次で報告する体制が必要と考えられます。

　このような適時報告体制を実現するためには，経営者への報告資料を自動作成するようなシステムの開発が必要となります。トレーディング取引を行っている企業においては，ミドル・オフィスを置いて，リスクを定量化したベーシ

市場リスクの計量化

参考

　市場リスクの計量化における基本的な考え方は，金利等の相場変動に対する現在価値の変動という感応度を計測するということです。金融機関などで一般的なものとして，ベーシス・ポイント・バリュー（ＢＰＶ）法とバリュー・アット・リスク（ＶａＲ）法があります。

　ベーシス・ポイント・バリュー法は，金利が１ベーシス・ポイント（0.01％）上昇（下降）した場合，時価がどう変化するかを，将来キャッシュ・フローから算出した現在価値の金利感応度から割り出す手法です。金利を為替相場や株価に変えて，それぞれに対する感応度を計測することもできます。

　バリュー・アット・リスク法は，将来の一定期間における金利・為替等のリスク要因の変化を過去のデータに基づき統計的に予測し，通常起こり得るようなリスク要因の変動に対する最大損失額を算出するものです。「通常起こり得る」レベルは，統計理論上の信頼区間の設定によって変わります。バリュー・アット・リスクは，たとえば，99％の確からしさをもって，１日間の最大損失額はいくらであるか（わかりやすくいえば最大損失額を超える損失が生じるのは100日中１日程度であること）を示すものです。

ス・ポイント・バリューやバリュー・アット・リスクといった数値（リスク量）
を計測し，経営者に報告するとともに，取引方針の見直しを行う体制が求めら
れるため，これを実現する，より高度なシステムの開発を要することになりま
す。

⑶　決算時の会計処理および開示

　デリバティブ取引については，決算時に時価評価し，評価差額を原則として
当期の損益として処理しなければなりません。また，ヘッジ手段となるデリバ
ティブ取引について，繰延ヘッジによりヘッジ会計を行う場合には，ヘッジ対
象にかかる損益に対応させて，繰り延べられてきた損益または評価差額を当期
の損益として処理することになります。さらに，連結財務諸表または財務諸表
においては，金融商品の時価等に関する注記が求められます（§5 **3** 参照）。

　したがって，これらの会計処理および開示を行うための情報が，適時に決算
実施部署に伝達される仕組みが必要となります。デリバティブ取引の重要性に
応じて，公表財務諸表を作成するための決算だけでなく，経営管理上の月次決
算等も念頭に置く必要があります。

6 ── モニタリング（監視活動）

　モニタリングとは，内部統制が有効に機能していることを継続的に評価する
プロセスをいいます。モニタリングにより，内部統制は常に監視，評価され是
正されることになります。モニタリングには，業務に組み込まれて行われる日
常的モニタリングと，業務から独立した視点から実施される独立的評価があり，
両者は個別に，または組み合わせて行われる場合があります（内部統制基準Ⅰ．
2．⑸）。

　日常的モニタリングとしては，バック・オフィスにおける取引の確認が代表
的な例ですが，トレーディング取引を行っている企業のミドル・オフィスにお
けるリスク管理の一環としてのモニタリングは，ベーシス・ポイント・バリュー

やバリュー・アット・リスクといったリスクの計量化を伴う高度なものとなります。

　独立的評価には，経営者によるもの，取締役会によるもの，監査役等によるものもありますが，経営者等が直接実施できる活動には限界があるため，経営者の直属として設置された内部監査人が実施する内部監査が中心的なものと位置付けられます。多数のデリバティブ取引を行っている企業においては，デリバティブ取引に関する専門的知識を有する内部監査人が必要となります。

⑦──IT（情報技術）への対応

　ITへの対応とは，組織目標を達成するためにあらかじめ適切な方針および手続を定め，それを踏まえて，業務の実施において組織の内外のITに対し適切に対応することをいいます（内部統制基準 I.2.(6)）。

　ITへの対応は，内部統制の他の基本的要素と必ずしも独立に存在するものではありませんが，ここでは，デリバティブ取引について，ITを利用する場合における内部統制上の一般的な留意事項を述べます。

⑴　システムへのアクセス制限

　デリバティブ取引の実行担当者が担当の職務を遂行するために必要な権限を越えたシステムへのアクセス権を持つ場合，適切な内部統制（業務処理統制）を組み込んだとしても，その有効性が保証されなくなる可能性があります。このため，管理者はアクセス権の付与変更に際し適切に承認を行っていることやアクセス権限が定期的にモニタリングされているか等の管理を厳格に行うことが必要となります。

　また，承認された適切な取引の実行担当者のみにシステムアクセスを制限するように設定または更新されていること，たとえば，アクセスは各自固有のIDとパスワードにより承認されてから行われること，パスワードポリシーが会社または業界の基準に従っていることも必要となります。

⑵ システムの開発時および変更時におけるテスト

　ITを利用して自動化された内部統制に関しては，一度内部統制が設定されると，変更やエラーが発生しない限り一貫して機能するという性質があります。これは，システムの開発および変更が意図したとおり適切に行われていれば，極めて有効な内部統制となるということを意味しますが，その反面で，システムに欠陥があると，誤った処理が継続して行われることになります。したがって，システムの開発時および変更時におけるテストの実施は，極めて重要な内部統制ということになります。

　デリバティブ取引を行うシステムに際して，本番環境への変更を加える行為は適切に制限され，開発部門と分離されていることが重要です。また，変更は適切なテストの後で行われ，テスト環境で承認された後，本番環境に反映される仕組みとなっていることも必要です。なお，システムの設計からテストに至るまで，適切な専門知識を有する専門的人材の深い関与が不可欠となります。

8 ── 内部統制の評価におけるデリバティブ取引に関する業務プロセスの取扱い

⑴ 内部統制実施基準における評価対象業務プロセスの範囲

　内部統制実施基準II．2．⑵②イ．では，評価対象について，「選定した重要な事業拠点（持分法適用となる関連会社を除く）における，企業の事業目的に大きくかかわる勘定科目に至る業務プロセスは，財務報告に及ぼす影響を勘案し，原則として，全てを評価の対象とする」とされています。

　また，内部統制実施基準II．2．⑵②ロ．では，「選定された事業拠点およびそれ以外の事業拠点について，財務報告への影響を勘案して，重要性の大きい業務プロセスについては，個別に評価対象に追加する。」とされており，その際の留意点の1つとして，「例えば，財務報告の重要な事項の虚偽記載に結びつきやすい事業上のリスクを有する事業又は業務（例えば，金融取引やデリバティブ取引を行っている事業または業務や価格変動の激しい棚卸資産を抱えている事

業または業務など）や，複雑な会計処理が必要な取引を行っている事業または
業務，複雑または不安定な権限や職責及び指揮・命令の系統（例えば，海外に
所在する事業拠点，企業結合直後の事業拠点，中核的事業でない事業を手掛け
る独立性の高い事業拠点）の下での事業または業務を行っている場合には，当
該事業又は業務に係る業務プロセスは，追加的に評価対象に含めることを検討
する。」とされています。

　以上より，デリバティブ取引に関する業務プロセスが内部統制基準に準拠し
た経営者による財務報告にかかる内部統制の評価の対象となる場合として，外
貨建売上・売掛金の為替変動リスクや棚卸資産の価格変動リスクをヘッジする
ためのデリバティブ取引の財務報告に対する影響に重要性がある場合や，ト
レーディング目的でデリバティブ取引を行っており，それが財務報告の重要な
事項の虚偽記載に結びつきやすい事業上のリスクを有すると認められる場合が
考えられます。

⑵　外貨建売上・売掛金の為替変動リスクや棚卸資産の価格変動リスクのヘッジ取引業務

　外貨建売上・売掛金の為替変動リスクのヘッジ取引として為替予約等を行っ
ている場合，振当処理を採用していると，外貨建売上または外貨建売掛金を直
接為替予約等の為替レートを用いて換算し，当該換算結果を貸借対照表に計上
することになります。したがって，為替予約等によるヘッジ取引が，売上勘定
または売掛金勘定に関係する業務のプロセスの一部を構成することになります。

　また，予定仕入取引をヘッジ対象として，商品先物等のデリバティブ取引を
ヘッジ手段として利用している場合，ヘッジ手段にかかる損益または評価差額
は仕入取引が行われるまで繰り延べられ，仕入れが行われた時に仕入勘定に加
減することにより棚卸資産の取得価額に反映されます。したがって，商品先物
等によるヘッジ取引が，棚卸資産勘定に関係する業務のプロセスの一部を構成
することになります。

　ヘッジ会計は，ヘッジ対象にかかる損益とヘッジ手段にかかる損益を同一の

会計期間に認識し，ヘッジの効果を会計に反映させるための会計処理であり，ヘッジ対象とヘッジ手段は，ヘッジ取引時にヘッジ指定によって紐付けされ，有効性評価とヘッジ損益の処理のためヘッジ会計の終了まで区分管理されます。したがって，ヘッジ取引にかかる業務プロセスは，ヘッジ対象にかかる業務プロセスと一体として識別することが適切である場合が多いと考えられます。ただし，内部統制実施基準にも記載されているとおり，業務の態様等は，組織により異なるため，どのように業務プロセスを識別・整理するかについては，各企業の組織ごとに判断する必要があります。

⑶　デリバティブのトレーディング業務

　トレーディング目的でデリバティブ取引を行っている場合，それが財務報告の重要な事項の虚偽記載に結びつきやすい事業上のリスクを有すると認められることも多いと思われます。このリスクを評価する際に，過去において重要な問題がなかったことを根拠にリスクは低いと評価することは適切ではありません。なぜなら，過去において重要な問題がなかったのは，リスクを低減する内部統制が整備され，適切に運用されてきた，すなわち，内部統制が有効に機能してきたからであるかもしれないからです。その場合，今後も引き続き財務報告の重要な事項の虚偽記載を防止または発見するためには，内部統制の有効性が維持されているかどうかを継続的に評価する必要があります。財務報告の重要な事項の虚偽記載に結びつきやすい事業上のリスクを有する事業または業務の例示としてデリバティブ取引を行っている事業が挙げられているのは，一般にデリバティブ取引は「**固有リスク**」が高いからであると考えられます。なお，固有リスクとは，関連する内部統制が存在していないとの仮定のうえで，取引種類，勘定残高および注記事項において個別に，または他の虚偽表示と集計すると重要となる虚偽表示が行われる可能性をいいます（監査基準報告書200「財務諸表監査における総括的な目的」第12項⑽①）。

§4

個別商品の仕組みと設例

1── 先渡取引（フォワード）

(1) 先渡取引とは

先渡取引とは，以下のような取引です（**図表4-1-1**参照）。

① 売買の当事者が取引所外で，将来の一定の時期において特定の通貨，有価証券，現物商品等およびその対価の授受を約する売買取引

② 売買の当事者が取引所外で，特定の金利，有価証券価格，現物商品価格，外国為替相場，各種の価格・率の指数，信用格付け・信用指数，または類似する変数として定める数値と将来の一定の時期における現実の当該数値の差に基づいて算出される金銭の授受を約する取引

①における通貨，有価証券，現物商品等，②における数値をひっくるめて「商品」と考えれば，先渡取引とは，

- 取引所外で
- 将来の一定の時期に
- 特定の商品を
- 現時点で取り決めた約定価格で

取引することを約する契約ということができます。

①の先渡取引としては，為替予約取引，②の先渡取引としては，NDF（Non-Deliverable Forward）が代表的です。②の先渡取引は，過去においては，刑

| 図表 4 - 1 - 1 | 先渡取引 |

【タイプ①】

商品等100単位を 1 単位100円で受渡日に売買する。

受渡日の商品等の価格105円

	買い手	売り手
契約日	商品等100単位を 1 単位100円で受渡日に購入することを約束	商品等100単位を 1 単位100円で受渡日に売却することを約束
受渡日	商品等100単位を受領 10,000円支払い	商品等100単位を引渡し 10,000円受領
損 得	500円得 受渡日に契約していたら10,500円かかったはずであるため。	500円損 受渡日に契約していたら10,500円で売れたはずであるため。

【タイプ②】

数値 A：契約上の数値＝100

数値 B：将来のある一定の時期の当該数値

	当事者甲	当事者乙
契約内容		
数値 A＞数値 B	(数値 A－数値 B)×100円を乙に支払い	(数値 A－数値 B)×100円を甲から受領
数値 A＜数値 B	(数値 B－数値 A)×100円を乙から受領	(数値 B－数値 A)×100円を甲に支払い
受渡日		
数値 B が95の場合	乙に500円支払い（損失）	甲から500円受領（利益）
数値 B が105の場合	乙から500円受領（利益）	甲に500円支払い（損失）

法上の賭博罪の疑いがあるとの法務省の見解があり，日本国内での取引は自粛されていましたが，関係法令の改正により，1994年10月から金利先渡取引および為替先渡取引をはじめとして，銀行その他の金融機関および証券会社において業として営むことが認められた経緯があります。

　現物商品の先渡取引については，金融商品会計基準においてデリバティブ取

引として扱われるものとデリバティブ取引として扱われないものとがあります。
金融商品会計基準においてデリバティブ取引として扱われる先渡取引は，原油
取引におけるブック・アウト（BOOK-OUT）取引等，当事者間で通常，差金（差
額）決済取引が予定されているものに限られます。先渡取引といっても，当初
から現物を受け渡すことが明らかなものは，会計上は一般的に通常の商品売買
と同じく当該商品等の受渡時に初めて認識されます。また，有価証券の売買に
ついては，約定日から受渡日までの期間が市場の規則または慣行に従った通常
の期間より長い場合に先渡取引として扱われます。

　先渡取引は，相対取引であるため，取引単位，受渡日，価格などを自由に決
められるという利点がありますが，一方で取引相手の信用力を適切に評価する
必要があります。ただし，一般企業の場合は，取引相手が銀行などの金融機関
または証券会社であるため，通常はさほど信用状態に留意する必要はないとい
えます。

⑵　先渡取引の利用目的

　先渡取引の利用目的には，大きく分けて，ヘッジ，裁定，投機の３つがあり
ますが，よほど取引に精通している企業でない限り，ヘッジ目的だけに利用す
るのが一般的です。

　先渡取引は，相対取引であるために取引条件に融通が利くという利点がある
ことから，外貨建取引の為替変動リスクや借入金の金利変動リスクを当該取引
と紐付きでヘッジし，最終損益を確定するのに適しています。一方で，先渡取
引で紐付ヘッジを行うと，その後為替相場や金利が有利に動いたとしても，そ
のことから得られるはずであった利益は得られなくなります。ただし，相場の
動きを見て，今後有利に動きそうな場合には，反対取引を行うことにより，最
初に行った先渡取引の効果をなくし，その後はリスクをとりながら，それまで
ヘッジ対象としていた金融商品や現物商品の相場変動による収益を期待するこ
ともできます。

⑶　代表的な先渡取引

①　為替予約取引

　為替予約取引は，売買の当事者が取引所外で，将来の一定の時期において特定の通貨およびその対価の授受を約する取引です。先物外国為替取引とも呼ばれています。金融機関相互間では，外国為替市場（取引所のないスクリーン・マーケットまたはテレフォン・マーケット）において頻繁に取引が行われ，そこで先物為替相場が形成されています。一般企業が為替予約を行う場合は，金融機関に対して通貨，金額，受渡日を指定することにより，市場相場に基づく為替相場で約定することになります（**図表4-1-2**）。

　受渡日においては，売買対象の通貨と対価となる通貨を互いに受払いすることにより決済します。たとえば，1ドル＝110円で10,000ドルの売予約を行った場合，受渡日には，10,000ドルを支払い，1,100,000円を受け取ることになります。ただし，他の外貨建ての銀行取引，たとえばドル建ての輸出手形の決済代金入金と同時にドルの売予約の受渡しが行われる場合には，ドルの入金と支払いを省略して円の入金だけが行われることもあります。

　為替予約には，特定の受渡期日が定まっているものと，特定の受渡期間中であればいつでも受渡しができるものとがあります。前者は，主として個別予約に用いられ，後者は，主として包括予約に用いられます。個別予約とは，外貨建取引ごとに個々に為替予約を付すものをいい，包括予約とは，外貨建取引の決済約定の状況に応じ，週または月などの一定期間ごとの決済見込額の全部または一部について包括的に為替予約を付すものをいいます。

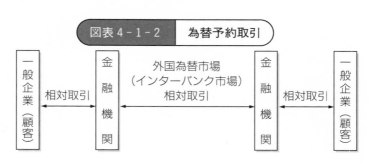

図表4-1-2　為替予約取引

　個別予約は外貨建ての借入金，社債など，あらかじめ返済期日や利払日が決まっている場合に適しています。一方，包括予約は，輸出入に伴う外貨建売掛金，買掛金のように回収日や支払日が未確定の場合に適しています。

　また，包括予約は，外貨建輸出による収益を，予算の段階で，ある程度円貨で確定しておきたい場合などにも利用されます。ただし，特定の受払期間中の外貨建取引が予定を下回ったために為替予約が余ってしまった場合，原則として，受渡期間の最終日に為替予約の受渡決済を行わなければなりません。たとえば，ドル建輸出代金のドル入金予定額に対してドルの売予約を付していたにもかかわらず，予定より輸出代金入金額が少なかった場合には，為替予約の決済日にその日の為替相場でドル資金を買うか，あるいはドル資金を借りて受渡しを行わなければならないこともあるので注意が必要です。

　なお，複数の外貨建金銭債権債務等をヘッジ対象として，為替予約の振当処理を行う場合，為替予約の契約締結時に外貨建金銭債権債務等の外貨額を基礎として為替予約を比例配分することになりますが，この場合には，同様な決済期日を有する外貨建金銭債権債務等をグルーピングして配分することも認められます。

②　NDF

　NDF とは Non-Deliverable Forward の略で，取引の当事者が取引所外で，あらかじめ決められた為替相場（NDF 相場）と決済時の実勢相場との差に基づいて算出される損益額を，米ドルなどの主要通貨で決済することを約する取引です。為替予約のように売買対象となる各通貨を互いに受払いするのではなく，異なる種類の通貨を交換するとみなした場合の損益相当部分だけの差金決済が前提とされているところが特徴です。規制により流通量が制限されている通貨や，為替市場が未成熟であるため取引量の少ない新興国通貨を対象とした取引などで多く見られます。

　為替予約の場合はあらかじめ定めた予約相場に基づいて，売買対象の通貨と対価となる通貨を互いに受払いすることにより決済しますが，NDF の場合は，

	図表 4 - 1 - 3	為替予約と NDF の差異
	為替予約	**NDF**
① 約定日（4月1日）	5月31日に外貨10,000を1単位110円/外貨で買う為替予約を締結（取引相場は予約相場である）	5月31日にNDF相場110円/外貨にて,外貨10,000を購入した場合と,実勢相場で購入した場合との差額の決済を行う契約を締結
② 実勢相場確定日	－	決済の際に参照する実勢相場が115円に決定
③ 決済日（5月31日）	為替予約に基づき1,100,000円を支払い,外貨10,000を受け取る。	契約の相手先から50,000円[※]の支払いを受ける。（※）外貨10,000×（実勢相場115-NDF相場110）
備考	外貨購入者は,為替予約によって受け取った外貨を外貨決済等に利用することで,円建ての支払額を予約相場で固定できる。	外貨購入者は②の実勢相場確定日に実勢相場により市場で外貨を購入し,支払い等に利用することで,外貨決済を予定している者にとっては,実質的にNDF相場で外貨を購入したのと同じ効果が得られる。

NDF相場と決済日から2営業日前（通貨により異なる）の為替相場との差により計算される差額部分のみを受払いすることにより決済します。このため,為替予約のように元本相当の受払いのための資金を用意することなく,為替予約等と同様の経済効果を得ることができます（**図表**4-1-3）。

参考 ── 直先スプレッド

　　直先スプレッドとは，直物外国為替相場と先物外国為替相場との差ですが，なぜそのような差が生じるのでしょうか。

　　その理由は，通貨により金利が異なるためです。たとえば，円の金利が１％，ドルの金利が５％で，円とドルの為替相場が１ドル110円であったとします。11,000円持っている人は，円のままで運用すると，１年後に運用利息は110円しか得られません。ところが，ドルを100ドル買って，同時に１年後に105ドルを110円で売る為替予約ができるとします。この人は買ったドルを１年間運用しますから，１年後には105ドル手に入ります。これを１ドル110円で円に替えると11,550円手に入り，550円も利益が出ることになります。

　　しかし，現実には通貨間の金利差が直先スプレッドおよび先物為替相場に反映されるため，運用収益にほとんど差は生じません。上記の例だと，当初の１年後の先物為替相場（予約相場）は，１年後に手に入った105ドルを円に替えても約11,110円にしかならないような相場（１ドル約105.8円，直先スプレッド１ドル約4.2円ディスカウント）になると推定されます。

(4)　設例による仕訳例

設例1　　外貨建取引の前に為替予約を締結した場合

【前提条件】

ヘッジ対象	4月に予定されているドル建原材料仕入10,000千ドル 実行される可能性が極めて高いものである。		
為替予約	買予約	10,000千ドル	
	予約相場	107円/ドル	
為替予約締結日	1月31日	直物為替相場	110円/ドル
決算日	3月31日	直物為替相場	108円/ドル
		先物為替相場	106円/ドル
仕入取引実行日	4月30日	直物為替相場	112円/ドル
		先物為替相場	111円/ドル
為替予約決済日 ＝買掛金決済日	5月31日	直物為替相場	114円/ドル

（注）　以下の仕訳例では，単純化のため，為替予約の時価算定における現在価値への割引計算および税効果の考慮は省略します。

【仕訳例】　ヘッジ会計を行わない場合（単位：千円）

① 　為替予約締結日（1月31日）

仕訳なし

（注）　会計上，為替予約取引として認識されますが，時価はゼロであるためです。

② 　決算日（3月31日）

　決算時の先物為替相場により時価評価し，評価差額を当期の損益として処理します。

（借）　為　替　差　損　益	10,000	（貸）　為替予約（負債）	10,000

10,000千ドル×（107円−106円）＝10,000千円

③ 　翌期首（4月1日）

（借）　為替予約（負債）	10,000	（貸）　為　替　差　損　益	10,000

④ 　仕入取引実行日（4月30日）

原材料仕入取引を取引時の直物為替相場により計上します。

（借）　原　材　料　仕　入	1,120,000	（貸）　買　　掛　　金	1,120,000

⑤ 　為替予約および買掛金決済日（5月31日）

（借）　買　　掛　　金	1,120,000	（貸）　現　金　預　金	1,070,000
		為　替　差　損　益	50,000

【仕訳例】　ヘッジ会計（原則的処理）を行う場合（単位：千円）

① 為替予約締結日（１月31日）

仕訳なし

② 決算日（３月31日）

決算時の先物為替相場により時価評価し，評価差額を繰り延べます。

（借）　繰延ヘッジ損益 （純　資　産）	10,000	（貸）　為替予約（負債）	10,000

③ 翌期首（４月１日）

（借）　為替予約（負債）	10,000	（貸）　繰延ヘッジ損益 （純　資　産）	10,000

④ 仕入取引実行日（４月30日）

a．原材料仕入取引の計上

取引時の直物為替相場により計上します。

（借）　原材料仕入	1,120,000	（貸）　買　掛　金	1,120,000

b．為替予約の時価評価

取引時の先物為替相場により時価評価します。

（借）　為替予約（資産）	40,000	（貸）　繰延ヘッジ損益 （純　資　産）	40,000

10,000千ドル×（111円－107円）＝40,000千円

c．ヘッジ損益（累積額）の原材料仕入（取得資産）への振替え

（借）　繰延ヘッジ損益 （純　資　産）	40,000	（貸）　原材料仕入	40,000

⑤　為替予約および買掛金決済日（5月31日）

（借）	買　　掛　　金	1,120,000	（貸）	現　金　預　金	1,070,000
				為替予約（資産）	40,000
				為　替　差　損　益	10,000

【仕訳例】　ヘッジ会計（振当処理）を行う場合（単位：千円）

①　為替予約締結日（1月31日）

仕訳なし

②　決算日（3月31日）

決算時の先物為替相場により時価評価し，評価差額を繰り延べます。

（借）	繰延ヘッジ損益 （純　資　産）	10,000	（貸）	為替予約（負債）	10,000

③　翌期首（4月1日）

（借）	為替予約（負債）	10,000	（貸）	繰延ヘッジ損益 （純　資　産）	10,000

④　仕入取引実行日（4月30日）

原材料仕入取引を為替予約相場により計上します。

（借）	原　材　料　仕　入	1,070,000	（貸）	買　　掛　　金	1,070,000

（注）　為替予約差額を期間配分するとの原則的考えによれば，外貨建取引を取引実行日の直物為替相場により計上し，外貨建金銭債権債務は為替予約相場で換算し，為替予約差額は別途期間配分することになりますが，ここでは為替予約差額の期間配分を行わない処理を示します。

⑤　為替予約決済および買掛金決済日（5月31日）

（借）買　　掛　　金 1,070,000	（貸）現 金 預 金 1,070,000

設例2　外貨建取引の後で為替予約を締結した場合

【前提条件】

ヘ ッ ジ 対 象　1月に行ったドル建原材料仕入代金（買掛金）10,000千ドル

為 替 予 約　買予約　10,000千ドル

予約相場　105円/ドル

仕入取引実行日　1月31日　直物為替相場　104円/ドル

為替予約締結日　2月28日　直物為替相場　107円/ドル

決　　算　　日　3月31日　直物為替相場　109円/ドル

先物為替相場　108円/ドル

為替予約決済日
＝買掛金決済日　4月30日　直物為替相場　110円/ドル

（注）　以下の仕訳例では，単純化のため，為替予約の時価算定における現在価値への割引計算および税効果の考慮は省略します。

【仕訳例】　ヘッジ会計を行わない場合（単位：千円）

① 仕入取引実行日（1月31日）

原材料仕入取引を取引時の為替相場により計上します。

（借）原 材 料 仕 入 1,040,000	（貸）買　　掛　　金 1,040,000

② 為替予約締結日（2月28日）

仕訳なし

③ 決算日（3月31日）

a．買掛金の換算

決算時の直物為替相場により換算します。

```
（借）為 替 差 損 益  50,000      （貸）買   掛   金   50,000
```

10,000千ドル×109円－1,040,000千円＝50,000千円

b．為替予約の時価評価

　　決算時の先物為替相場により時価評価し，評価差額を当期の損益として処理します。

```
（借）為替予約（資産）  30,000      （貸）為 替 差 損 益   30,000
```

10,000千ドル×（108円－105円）＝30,000千円

④　翌期首（4月1日）

```
（借）為 替 差 損 益   30,000      （貸）為替予約（資産）   30,000
```

⑤　為替予約および買掛金決済日（4月30日）

```
（借）買   掛   金  1,090,000     （貸）現 金 預 金  1,050,000
                                        為 替 差 損 益    40,000
```

【仕訳例】 ヘッジ会計（振当処理）を行う場合 （単位：千円）

①　仕入取引実行日（1月31日）

　　原材料仕入取引を取引時の為替相場により計上します。

```
（借）原 材 料 仕 入  1,040,000    （貸）買   掛   金  1,040,000
```

②　為替予約締結日（2月28日）

　　買掛金を予約相場により換算します。

```
（借）為 替 差 損 益   30,000      （貸）買   掛   金   10,000
                                        前 受 収 益    20,000
```

10,000千ドル×105円－1,040,000千円＝10,000千円

(**注**)　取引実行日から為替予約締結日までに生じている為替相場の変動による直々差額（104円－107円）は，為替予約の契約締結日が属する期の損益として処理しますが，為替予約締結日の直物相場と為替予約相場との差額（107円－105円）である直先差額は，為替予約の契約締結日が属する期から決済日が属する期までの期間にわたり合理的に配分します。

③　決算日（3月31日）

（借）　前　受　収　益	10,000	（貸）　為　替　差　損　益	10,000

④　為替予約決済および買掛金決済日（4月30日）

（借）　買　　掛　　金	1,050,000	（貸）　現　金　預　金	1,050,000
前　受　収　益	10,000	為　替　差　損　益	10,000

　為替予約に対するヘッジ会計の方法として，原則的処理を採用している場合，ヘッジ対象である外貨建金銭債権債務等は決算時に決算時の直物為替相場で換算され，換算差損益は当期の損益計算書に計上されるため，ヘッジ手段である為替予約の時価評価差額の繰延処理は不要であり，結果的にヘッジ会計を行わない場合と同一の会計処理になります。

設例3　複数の外貨建金銭債権債務等へ為替予約を振り当てる場合

【前提条件】

①　会計方針
　取引の行われた月の前月の平均直物為替相場を取引時の為替相場とする。
　ヘッジ会計の要件を満たす為替予約の会計処理方法は，振当処理を適用する。
　為替予約差額の期間配分は行わない。

②　2月の外貨建売上ならびに2月末現在の契約残高および実現の可能性が確実と認められる予定取引の内訳（単位：千ドル）

予定決済月	予定決済月別 の売上外貨額	契約残高外貨額	予定取引外貨額
4月	5,000		
5月	3,000	2,000	
6月	2,000	1,000	1,000
7月		1,000	1,000
8月			1,000
合計	10,000	4,000	3,000

③ 2月契約締結の為替予約の明細

決済月	外貨額 （千ドル）	為替予約相場 （円）	円貨額 （千円）	予 約 日
4月	4,500	107	481,500	2月28日
5月	4,000	106	424,000	2月28日
6月	2,000	105	210,000	2月28日
7月	1,000	104	104,000	2月28日
8月	500	103	51,500	2月28日
合計	12,000		1,271,000	

④ 為替相場（単位：円）

月	売上計上 為替相場	各月末 直物為替相場	決算日現在の各月末 受渡しの先物為替相場
2月	109		
3月	108	110	
4月	107	108	109
5月		106	108
6月		105	107
7月		109	106
8月		108	105

⑤ 予約振当割合の算定（単位：千ドル）

売掛金と予定取引にその外貨額を基礎として，為替予約を比例配分するために予約振当割合を算定します。

	売掛金残高	契約残高	予定取引	計 （①）	予約残高 （②）	予約振当割合 ②÷①（％）
4月	5,000			5,000	4,500	90%
5月	3,000	2,000		5,000	4,000	80%

6 月	2,000	1,000	1,000	4,000	2,000	50%
7 月		1,000	1,000	2,000	1,000	50%
8 月			1,000	1,000	500	50%
合計	10,000	4,000	3,000	17,000	12,000	

⑥ 契約残高のうち5月決済予定の2,000千ドルの取引は3月に実行され,残りの契約残高2,000千ドルの取引および3,000千ドルの予定取引は4月に実行された。

（注） 単純化のため,取引実行日の仕訳は合計で示し,売掛金の決済日はすべて月末日とします。また,為替予約の時価算定における現在価値への割引計算および税効果の考慮は省略します。

【仕訳例】 ヘッジ会計（振当処理）を行う場合（単位：千円）

① 取引実行日（2月）

売上取引を取引時の直物為替相場により計上します。

（借）売 掛 金 1,090,000	（貸）売 上 1,090,000

② 為替予約締結日（2月28日）

（借）為 替 差 損 益 20,200	（貸）売 掛 金 20,200

（注） 売掛金決済月ごとの振当割合に応じて為替予約を振り当てます。

決済月	売掛金残高 （千ドル）	予約振当 割合	予約振当対象 （千ドル）	為替予約相場 （円）	円貨額 （千円）
4 月	5,000	90%	4,500	107	481,500
5 月	3,000	80%	2,400	106	254,400
6 月	2,000	50%	1,000	105	105,000
計	10,000		7,900		840,900
予約振当 対象外(※2)					228,900
合計					1,069,800
			振当前売掛金計上額(※1)		1,090,000
			為替差損益		△20,200

（※1） 10,000千ドル×109円＝1,090,000千円

（※2） （10,000千ドル－7,900千ドル）×109円＝228,900千円

③ 契約残高取引一部実行日（3月）

売上取引を取引時の直物為替相場および為替予約相場により計上します。

（借） 売 掛 金	212,800	（貸） 売 上	212,800

（注） 売上代金決済月（5月）の振当割合に応じて為替予約を振り当てます。

予 約 振 当　2,000千ドル×80％×106円＝169,600千円

予約振当対象外　2,000千ドル×20％×108円＝ 43,200千円

計　212,800千円

④ 決算日（3月31日）

a．為替予約振当対象外売掛金の換算

（借） 売 掛 金	2,900	（貸） 為 替 差 損 益	2,900

2月発生分　（10,000千ドル－7,900千ドル）×110円－228,900千円＝2,100千円

3月発生分　2,000千ドル×20％　　×110円－ 43,200千円＝ 800千円

計　2,900千円

b．為替予約の時価評価

（借） 繰延ヘッジ損益 （純 資 産）	5,000	（貸） 為替予約（負債）	5,000

（注） 契約残高および予定取引に振り当てられた為替予約の時価評価差額を繰り延べます。

決済月	予約残高 （千ドル）	売掛金振当額 （千ドル）	差引 （千ドル）	為替予約 相場 （円）	決算時先物 為替相場 （円）	時価 評価額 （千円）
4 月	4,500	4,500				
5 月	4,000	4,000				
6 月	2,000	1,000	1,000	105	107	△2,000
7 月	1,000		1,000	104	106	△2,000
8 月	500		500	103	105	△1,000
合計	12,000	9,500	2,500			△5,000

⑤ 翌期首（4月1日）

| （借）　為替予約（負債） | 5,000 | （貸）　繰延ヘッジ損益
　　　　（純　資　産） | 5,000 |

⑥　契約残高取引実行日（4月）

売上取引を取引時の直物為替相場および為替予約相場により計上します。

| （借）　売　　掛　　金 | 528,000 | （貸）　売　　　　　上 | 528,000 |

（注）　売上代金決済月ごとの振当割合に応じて為替予約を振り当てます。

決済月	売上取引 （千ドル）	予約振当 割合	予約振当対象 （千ドル）	為替予約相場 （円）	円貨額 （千円）
6 月	2,000	50％	1,000	105	105,000
7 月	2,000	50％	1,000	104	104,000
8 月	1,000	50％	500	103	51,500
計	5,000		2,500		260,500
予約振当 対象外(※1)					267,500
合計					528,000

（※1）　（5,000千ドル－2,500千ドル）×107円＝267,500千円

⑦　売掛金決済日（4月30日）

（借）　現　金　預　金	535,500	（貸）　売　　掛　　金	536,500
為 替 差 損 益	1,000		

売掛金　481,500千円＋（5,000千ドル－4,500千ドル）×110円＝536,500千円

入金額　481,500千円＋（5,000千ドル－4,500千ドル）×108円＝535,500千円

⑧　売掛金決済日（5月31日）

（借）　現　金　預　金	530,000	（貸）　売　　掛　　金	534,000
為 替 差 損 益	4,000		

2 月発生売掛金

254,400千円＋（3,000千ドル－2,400千ドル）×110円＝320,400千円

3月発生売掛金

169,600千円＋2,000千ドル×20％×110円＝213,600千円

入金額

254,400千円＋169,600千円＋（3,000千ドル－2,400千ドル＋2,000千ドル×20％）
×106円＝530,000千円

⑨　売掛金決済日（6月30日）

（借）現　金　預　金	420,000	（貸）売　　掛　　金	427,000
為　替　差　損　益	7,000		

2月発生売掛金

105,000千円＋（2,000千ドル－1,000千ドル）×110円＝215,000千円

4月発生売掛金

105,000千円＋（2,000千ドル－1,000千ドル）×107円＝212,000千円

入金額

105,000千円＋105,000千円＋（2,000千ドル－1,000千ドル＋2,000千ドル
－1,000千ドル）×105円＝420,000千円

⑩　売掛金決済日（7月31日）

（借）現　金　預　金	213,000	（貸）売　　掛　　金	212,000
		為　替　差　損　益	1,000

4月発生売掛金

105,000千円＋（2,000千ドル－1,000千ドル）×107円＝212,000千円

入金額

104,000千円＋（2,000千ドル－1,000千ドル）×109円＝213,000千円

⑪　売掛金決済日（8月31日）

（借）現　金　預　金	105,500	（貸）売　　掛　　金	105,000
		為　替　差　損　益	500

4 月発生売掛金

　51,500千円＋(1,000千ドル－500千ドル)×107円＝105,000千円

入金額

　51,500千円＋(1,000千ドル－500千ドル)×108円＝105,500千円

設例 4　　外貨建満期保有目的債券に為替予約を振り当てる場合

【前提条件】

ヘッジ対象　外貨建満期保有目的債券（取得価額95千ドル）

　　　　　　債券金額（額面）：100千ドル

　　　　　　取得日：X1年12月 1 日

　　　　　　満期日：X3年12月31日

　　　　　　クーポン利率：年利 6 ％

　　　　　　利払日：毎年 6 月末日および12月末日

　　　　　　取得価額と債券金額との差額の性格は，金利の調整であると考えられる。

為替予約　　売 予 約　100千ドル

　　　　　　予約相場　100円/ドル

　　　　　　締結日：X1年12月 1 日

直物為替相場の推移

　債券取得日　　　　　X1年12月 1 日　　110円/ドル

　第 1 回利払日　　　　X1年12月31日　　112円/ドル

　決算日　　　　　　　X2年 3 月31日　　114円/ドル

　第 2 回利払日　　　　X2年 6 月30日　　112円/ドル

　第 3 回利払日　　　　X2年12月31日　　108円/ドル

　決算日　　　　　　　X3年 3 月31日　　106円/ドル

　第 4 回利払日　　　　X3年 6 月30日　　104円/ドル

　満期日，最終利払日　X3年12月31日　　102円/ドル

（注）　以下の仕訳例では，単純化のため，利息計算は月割りで計算しています。

【仕訳例】 ヘッジ会計（振当処理）を行う場合（単位：千円）

① 外貨建債券取得日（X1年12月1日）

　　外貨建ての額面金額を為替予約相場により円換算し，為替予約差額については長期前払費用として満期日の属する期までの期間にわたって配分します。

（借）	投資有価証券	10,000	（貸）	現 金 預 金	10,725
	長期前払費用	450			
	仮 払 金	275			

投資有価証券　100千ドル×100円＝10,000千円
債券購入円貨額　95千ドル×110円＝10,450千円
経 過 利 息　100千ドル×6％×5/12×110円＝275千円

② 利払日（X1年12月31日）

（借）	現 金 預 金	336	（貸）	仮 払 金	275
				有価証券利息	56
				為 替 差 損 益	5

100千ドル×6％×6/12×112円＝336千円
100千ドル×6％×1/12×112円＝56千円

③ 決算日（X2年3月31日）

（借）	未 収 収 益	171	（貸）	有価証券利息	171
	為 替 差 損 益	72		長期前払費用	72

未収利息　100千ドル×6％×3/12×114円＝171千円
為替予約差額の期間配分　450千円×4/25＝72千円

④ 利払日（X2年6月30日）

（借）	現 金 預 金	336	（貸）	未 収 収 益	171
	為 替 差 損 益	3		有価証券利息	168

100千ドル×6％×6/12×112円＝336千円

100千ドル×6％×3/12×112円＝168千円

⑤ 利払日（X2年12月31日）

（借）現 金 預 金	324	（貸）有価証券利息	324

100千ドル×6％×6/12×108円＝324千円

⑥ 決算日（X3年3月31日）

（借）有 価 証 券	10,000	（貸）投資有価証券	10,000
未 収 収 益	159	有価証券利息	159
為 替 差 損 益	216	長期前払費用	378
前 払 費 用	162		

未収利息 100千ドル×6％×3/12×106円＝159千円

為替予約差額の期間配分 450千円×12/25＝216千円

（注） 満期日が1年内に到来するため，債券を投資有価証券から有価証券に振り替え，長期前払費用のうち，次期以降に配分される額を前払費用に振り替えます。

⑦ 利払日（X3年6月30日）

（借）現 金 預 金	312	（貸）未 収 収 益	159
為 替 差 損 益	3	有価証券利息	156

100千ドル×6％×6/12×104円＝312千円

100千ドル×6％×3/12×104円＝156千円

⑧ 外貨建債券償還日（X3年12月31日）

（借）現 金 預 金	10,306	（貸）有 価 証 券	10,000
為 替 差 損 益	162	有価証券利息	306
		前 払 費 用	162

100千ドル×6％×6/12×102円＝306千円

設例5　外貨建取引の前に NDF を締結した場合

【前提条件】

ヘ ッ ジ 対 象　4月に予定されている外貨建原材料仕入10,000千単位
　　　　　　　　当該取引は実行される可能性が極めて高いものである。

NDF 契 約 金 額　外貨10,000千単位

NDF 相 場　107円/外貨

NDF 契約締結日　1月31日　直物為替相場　110円/外貨

決 算 日　3月31日　直物為替相場　108円/外貨
　　　　　　　　　　　　NDF 相場　　　106円/外貨

仕入取引実行日　4月30日　直物為替相場　112円/外貨
　　　　　　　　　　　　NDF 相場　　　111円/外貨

実勢相場確定日　5月31日　直物為替相場　114円/外貨
＝買掛金決済日

（NDF の決済日は6月2日とする）

　（注）　以下の仕訳例では，単純化のため，為替予約の時価算定における現在価値への割引計算および税効果の考慮は省略します。

【仕訳例】　ヘッジ会計を行わない場合（単位：千円）

①　NDF 契約締結日（1月31日）

> 仕訳なし

　（注）　会計上，NDF として認識されますが，時価はゼロであるためです。

②　決算日（3月31日）

　　決算時の NDF 相場により時価評価し，評価差額を当期の損益として処理します。

> （借）　為 替 差 損 益　　10,000　　（貸）　NDF（負 債）　　10,000

10,000千単位×（107円/外貨－106円/外貨）＝10,000千円

③ 翌期首（4月1日）

（借） NDF（負債）	10,000	（貸） 為替差損益	10,000

④ 仕入取引実行日（4月30日）

原材料仕入取引を取引時の直物為替相場により計上します。

（借） 原材料仕入	1,120,000	（貸） 買掛金	1,120,000

⑤ 買掛金決済日（5月31日）

　a．直物為替レートによる買掛金の決済

（借） 買掛金	1,120,000	（貸） 現金預金	1,140,000
為替差損益	20,000		

　b．実勢相場確定に伴うNDFの時価評価

（借） NDF（資産）	70,000	（貸） 為替差損益	70,000

10,000千単位×（114円/外貨－107円/外貨）＝70,000千円

⑥ NDF決済日（6月2日）

（借） 現金預金	70,000	（貸） NDF（資産）	70,000

【仕訳例】 ヘッジ会計（原則処理）を行う場合（単位：千円）

① NDF締結日（1月31日）

仕訳なし

② 決算日（3月31日）

決算時のNDF相場により時価評価し，評価差額を繰り延べます。

（借）	繰延ヘッジ損益 （純　資　産）	10,000	（貸）　NDF（負　債）	10,000

10,000千単位×（107円/外貨－106円/外貨）＝10,000千円

③　翌期首（4月1日）

（借）　NDF（負　債）	10,000	（貸）　繰延ヘッジ損益 （純　資　産）	10,000

④　仕入取引実行日（4月30日）

　a．原材料仕入取引の計上

　　取引時の直物為替相場により計上します。

（借）　原 材 料 仕 入	1,120,000	（貸）　買　　掛　　金	1,120,000

　b．NDFの時価評価

　　取引時のNDF相場により時価評価します。

（借）　NDF（資　産）	40,000	（貸）　繰延ヘッジ損益 （純　資　産）	40,000

10,000千単位×（111円/外貨－107円/外貨）＝40,000千円

　c．ヘッジ損益（累計額）の原材料仕入（取得資産）への振替え

（借）　繰延ヘッジ損益 （純　資　産）	40,000	（貸）　原 材 料 仕 入	40,000

⑤　買掛金決済日（5月31日）

　a．直物為替レートによる買掛金の決済

（借）　買　　掛　　金	1,120,000	（貸）　現 金 預 金	1,140,000
為 替 差 損 益	20,000		

ｂ．実勢相場確定に伴う NDF の時価評価

（借）　NDF（資産）	30,000	（貸）　為 替 差 損 益	30,000

10,000千単位×（114円/外貨－111円/外貨）＝30,000千円

　　仕入取引実行日に時価評価した時点から実勢相場確定までの時価の変動分を追加的に認識します。

⑥　NDF 決済日（6月2日）

（借）　現 金 預 金	70,000	（貸）　NDF（資産）	70,000

　　計上される為替差損益および円建ての原材料の仕入価格は，設例1のヘッジ会計（原則的処理）を行う場合と同様となります。

　なお，NDF をヘッジ手段として為替リスクのヘッジを行う場合は，為替予約をヘッジ手段とする場合と異なり，振当処理は適用できないと考えられます。

　外貨建実務指針第3項では，「振当処理とは，為替予約等により固定されたキャッシュ・フローの円貨額により外貨建金銭債権債務を換算し，直物為替相場による換算額との差額を，為替予約等の契約締結日から外貨建金銭債権債務の決済日までの期間にわたり配分する方法である。」とされています。さらに，金融商品会計基準第43項において，「ヘッジ会計の適用にあたり，決済時における円貨額を確定させることにより為替相場の変動による損失の可能性を減殺するため，為替予約（中略）を外貨建金銭債権債務等のヘッジ手段として利用している場合において，（中略）振当処理も，ヘッジの効果を財務諸表に反映させる一つの手法と考えられるため，当分の間，振当処理を採用することも認めることとする。」とされており，振当処理が認められる合理性は「決済時における円貨額の確定」にあると考えられます。

　この点，NDF は NDF 相場と実勢相場の差額から算定される金額のみを受払いすることから，為替予約と異なり，キャッシュ・フローが総額で発生しない

ため，外貨建金銭債権債務と組み合わせても必ずしも円建金銭債権債務と同額のキャッシュ・フローとなるわけではありません（NDF 相場でキャッシュ・フローの円貨額を確定するためには，実勢相場の決定時に外貨建金銭債権債務の決済金額をただちに円転する必要がありますが，それを行うかどうかは企業の自由裁量に委ねられます）。

　振当処理は，「当分の間」認められた例外処理であるため，その適用は厳格に行う必要があると考えられます。

2 ── 先物取引（フューチャー）

(1)　先物取引とは

先物取引とは，以下のような取引です。

① 　売買の当事者が取引所の定める基準および方法に従い，将来の一定の時期において特定の通貨，有価証券，現物商品等およびその対価の授受を約する売買であって，当該売買の目的となっている商品の転売または買戻しをしたときは差金の授受によって決済することができる取引

② 　売買の当事者が取引所の定める基準および方法に従い，特定の金利，有価証券価格，現物商品価格，外国為替相場，各種の価格・率の指数，信用格付け・信用指数，または類似する変数として定める数値と将来の一定の時期における現実の当該数値の差に基づいて算出される金銭の授受を約する取引

①における通貨，有価証券，現物商品等，②における数値をひっくるめて「商品」と考えれば，先物取引とは，

- 取引所の定める基準および方法に従い
- 将来の一定の時期に
- 特定の商品を
- 現時点で取り決めた約定価格で

取引することを約する契約ということができます。

図表 4 - 2 - 1	先物取引と先渡取引の相違点	
	先物取引	**先渡取引**
取　引　方　法	取引所取引	相対取引
対象商品または数値	標準化または定型化	当事者間の合意により自由
取　引　単　位	一定額を1単位とする	当事者間の合意により自由
受　　渡　　日	限月制	当事者間の合意により自由
反対売買による決済	可能または一般的	原則としてできない
期　日　決　済	原則として売買差額を清算	原則として契約単位で決済金額の受払いを行う
証　　拠　　金	一定の証拠金が必要	原則としてなし
信　用　リ　ス　ク	ほぼなし	あり

　①の先物取引としては，債券先物取引，通貨先物取引，商品先物取引，②の先物取引としては，金利先物取引，株価指数先物取引が代表的です。

　先物取引は，先渡取引と経済的効果はほぼ同じですが，取引所で行われる点が異なります（**図表4-2-1**）。

　先物取引は，取引所取引であるために取引条件が定型化されています。たとえば，取引単位，価格（**呼値**）の刻み幅，決済期限（**限月**），取引最終日，決済方法，決済期日等は，各取引所で取引種類ごとに決められています。また，対象銘柄が標準物に限られていたり，価格の乱高下により市場が混乱することを未然に防ぐため，1日の価格変動が一定の幅に制限（**値幅制限**）されている場合もあります。

　先物取引の決済は，商品種類によっては，現物の受渡しによることも可能ですが，多くの場合は反対売買による**差金決済**の形がとられます。差金決済とは，当初，購入（**買建玉**）または売却（**売建玉**）を行ったのち，反対売買（**転売**または**買戻し**）を行った場合に，当初の取引と反対売買を相殺して売買差損益部分（差金）のみの資金の受渡しにより決済することです。先物取引は，差金決済が可能なため，現物取引と比較して少額の資金で多額の取引を行うことができます。

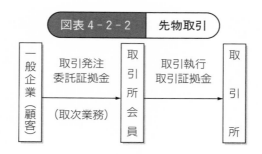

図表4-2-2　先物取引

一般企業（顧客）→ 取引発注　委託証拠金（取次業務）→ 取引所会員 → 取引執行　取引証拠金 → 取引所

　取引所で直接先物取引を行うことができるのは取引所の会員に限られていますので，会員以外の者は，取引所の会員となっている金融機関，証券会社，商品取引会社等の取次業者を通じて取引を行うことになります（**図表4-2-2**）。

　その際，商品種類ごとに定められた**委託証拠金**が必要となります。また，取引所では，未決済の取引残高について，毎日**値洗**（評価損益の計算）を実施しており，含み損が一定限度を超えると，会員（取次業者）に対して追加証拠金を徴求します。それと同様に取次業者は，含み損が一定限度を超えている顧客に対して追加証拠金を徴求します。このような証拠金制度があるため，先物取引においては，取引参加者の信用状態をあまり考慮することなく取引を行うことができます。

⑵　先物取引の利用目的

　先物取引の利用目的には，大きく分けて，ヘッジ，裁定，投機の3つがあります。ヘッジ目的にのみ利用することが安全ですが，適切な内部統制の下で，リスクを常に正しく把握，管理していれば，投機目的とはいっても，健全な収益獲得手段にもなり得ます。

　先物取引は，対象となる商品または数値が標準化あるいは定型化されているため，ヘッジを行う場合は，ヘッジ対象物そのものの先物取引を行うのではなく，ヘッジ対象物と価格変動が比例関係にある先物の取引を行う場合が多くなります。たとえば，保有している債券の価格下落のリスクを回避するために債券先物取引を行う場合でも，保有している債券と同一銘柄の先物は上場されて

いないため，それと価格変動がほぼ比例する債券先物取引を行うことになります。しかし，場合によってはヘッジ手段とヘッジ対象の想定元本，期限，取引量，場所，引渡日等の重要な条件が相違するため，先物の価格変動がヘッジ対象の保有債券の価格変動と比例せずに，価格変動による損益の減殺効果が不十分となる（ヘッジ非有効部分が大きくなる）場合もあります。したがって，先物取引でヘッジを行う場合には，ヘッジ会計を適用するにあたってのヘッジの有効性評価において十分な検討が必要であり，その後のヘッジの効果を常時把握しておくことがとくに重要となります。

⑶　代表的な先物取引

①　債券先物取引

債券先物取引は，売買の当事者が取引所の定める基準および方法に従い，将来の一定の時期において特定の債券およびその対価の授受を約する売買であって，当該売買の目的となっている債券の転売または買戻しをしたときは差金の授受によって決済することができる取引です。ただし，現存する債券ではなく，標準物と呼ばれる一定条件の架空の債券が取引の対象となります。

決済は，反対売買による差金決済のほか，取引最終日までに反対売買によって決済されなかった売買建玉については，受渡期日において現物債券の受渡決済が行われます。この場合，現物債券は取引所の定める一定の条件を満たした債券（受渡適格銘柄）でなければなりません。また，標準物とは利率，残存期間に差異があるので，交換比率（コンバージョン・ファクター）を算定したうえで受渡代金を決定します。

日本国内では，現在，大阪取引所において長期国債先物，中期国債先物，超長期国債先物，ミニ長期国債先物が上場されています。大阪取引所における長期国債10年物の先物取引の概要は，**図表4-2-3**のとおりです。

債券先物取引は，短期保有目的で長期国債を保有している企業が，価格上昇により生じた含み益または価格下落により生じた含み損をある程度確定させたいが，当面資金の必要はないため，長期国債での運用を続けたい場合によく利

図表 4 - 2 - 3	大阪取引所における長期国債10年物の先物取引の概要

対 象 銘 柄	長期国債標準物（金利 6 ％・残存期間10年）
限　　　　月	3 月, 6 月, 9 月, 12月の 3 限月（最長 9 ヵ月）
取 引 単 位	額面 1 億円
呼 値 の 単 位	額面100円当たり 1 銭
受渡決済期日	各限月の20日（休業日の場合は繰下げ）
取 引 最 終 日	受渡決済期日の 5 日前（休業日を除外する）
受渡適格銘柄	残存期間 7 年以上11年未満の10年利付国債

用されます。このような場合に売却予定月の限月の債券先物を売り建てて，債券を売却すると同時に債券先物の反対売買を行えば，先物取引約定後の債券相場の変動による債券売却損益の変動は，逆方向の債券先物取引による損益により相殺されます。

　図表 4 - 2 - 4 は，額面1,000百万円の債券を有している企業が，値上がり益をある程度確定させたいが，当面は保有したまま運用を続けたい場合の企業の選択肢を示しています。

　この例では， 4 月 1 日から 5 月31日までの間に債券価格が下落したため， 5 月31日に売却した場合の債券売却益は 4 月 1 日現在の含み益と比較して 7 百万円も減少してしまっています。しかし，債券先物取引の売建てでヘッジを行った場合には，債券の現物価格と債券先物の価格が比例して動いたため，債券先物の決済差益 7 百万円で， 4 月 1 日から 5 月31日までの間の債券価格変動による利益減少分を埋め合わせることができています。ただし，どの選択肢が最も有利となるかは，相場変動によって異なります。

② 　金利先物取引

　金利先物取引は，売買の当事者が取引所の定める基準および方法に従い，特定の金利として定める数値と将来の一定の時期における現実の当該数値の差に

| 図表 4 - 2 - 4 | 債券先物取引によるヘッジの例 |

【保有債券】
　額面　　　　　　　　1,000百万円
　利率　　　　　　　　1％
　簿価　　　　　　　　1,078百万円（単価107円80銭）
　4月1日の時価　　　1,090百万円（単価109円）
　5月31日の時価　　　1,083百万円（単価108円30銭）
【債券先物】
　4月1日の取引相場　109円30銭
　5月31日の取引相場　108円60銭

ケース1　　4月1日に売却，売却資金を利回り0.1％で運用

　債券売却益
　　1,090百万円－1,078百万円＝12百万円
　資金運用益

$$1{,}090百万円 \times 0.1\% \times \frac{61日}{365日} = 0.2百万円$$

ケース2　　5月31日に売却，債券先物によるヘッジを行わなかった場合

　債券売却益
　　1,083百万円－1,078百万円＝5百万円
　資金運用益（債券利息）

$$1{,}000百万円 \times 1\% \times \frac{61日}{365日} = 2百万円$$

ケース3　　5月31日に売却，債券先物によるヘッジを行った場合

　債券売却益および資金運用益（債券利息）はケース2と同じ
　債券先物1,000百万円を4月1日に売り建てて，5月31日に買い戻した決済益

$$\frac{（109円30銭－108円60銭）}{100円} \times 1{,}000百万円 = 7百万円$$

損　　　益	ケース1	ケース2	ケース3
債 券 売 却 益	12百万円	5百万円	5百万円
資 金 運 用 益	0.2百万円	2百万円	2百万円
債 券 先 物 利 益	－	－	7百万円
合 計 利 益	12.2百万円	7百万円	14百万円

基づいて算出される金銭の授受を約する取引です。決済は，差金決済のみであるため，取引最終日までに反対売買によって決済されなかった売買建玉については，最終決済価格との差額を授受することにより決済することになります。

日本国内では，大阪取引所において TONA 3ヵ月金利先物が，東京金融取引所において TONA 3ヵ月金利先物のほか，ユーロ円 3ヵ月金利（3ヵ月 TIBOR）先物等が上場されています。

金利先物の価格は，100マイナス先物年利回りで表され，たとえば，約定価格 99.875円は，先物金利0.125％を意味します。

東京金融取引所における TONA 3ヵ月金利先物取引の概要は，**図表 4 - 2 - 5** のとおりです。

運転資金のための短期借入を借換えにより継続して行っているような場合，金利が上昇すると借換え後の金利負担が重くなります。このようなときに金利先物の売建てを行えば借換え後の金利が高くなっても，その分，金利先物から

図表 4 - 2 - 5	東京金融取引所におけるＴＯＮＡ３ヵ月金利先物取引の概要
対　象　金　利	限月から 3ヵ月間の TONA（日本銀行が公表する無担保コールオーバーナイト物レート）日次累積複利
限　　　　　月	3月，6月，9月，12月および直近 2 限月の20限月（最長 5 年）
取　引　単　位	1ベーシスの値＝2,500円
価格の表示方法	100から年利率を差し引いた数値
最小変動幅(価値)	0.001（250円）
取　引　最　終　日	各限月の 3ヵ月後の第 3 水曜日（日本の銀行休業日を除外する）
最　終　決　済　日	取引最終日の翌営業日（日本の銀行休業日に当たるときは順次繰下げ）
最　終　決　済　方　法	差金決済 最終決済価格は小数点以下第 3 位（0.1ティック，0.1ベーシスポイント）未満を四捨五入したものを100から差し引いた数値

決済益が生じるので金利の上昇による費用負担を減殺することができます。とくに金利の上昇が予想され，将来の利息費用をある程度確定したいときに利用する価値が高くなります。

③　通貨先物取引

通貨先物取引は，売買の当事者が取引所の定める基準および方法に従い，将来の一定の時期において特定の通貨およびその対価の授受を約する売買であって，当該売買の目的となっている通貨の転売または買戻しをしたときは差金の授受によって決済することができる取引です。

決済は，反対売買による差金決済のほか，取引最終日までに反対売買によって決済されなかった売買建玉については，受渡決済の方法によって行われます。

日本国内では，かつては東京金融取引所において米ドル・日本円通貨先物が上場されていましたが現在は上場されていません。海外では米国のシカゴマーカンタイル取引所（Chicago Mercantile Exchange）において各種の通貨先物が上場されています。

為替予約と同様に，為替相場変動によって外貨建取引から生ずる損益変動を減殺するために利用することができます。為替予約と異なり，取引所取引であるために取引単位や決済期日に制約がある反面，反対売買による差金決済が可能であり，決済期限前に取引残高を解消することができます。

④　株価指数先物取引

株価指数先物取引は，売買の当事者が取引所の定める基準および方法に従い，特定の株価指数として定める数値と将来の一定の時期における現実の当該数値の差に基づいて算出される金銭の授受を約する取引です。

決済は，差金決済のみで，取引最終日までに反対売買によって決済されなかった売買建玉については，取引最終日の翌日の当該構成銘柄のすべての始値に基づいて算出する最終清算指数（スペシャル・クォーテーション）との差額を授受することにより決済することになります。

図表 4 - 2 - 6	大阪取引所における日経平均株価（日経225）先物取引の概要

限　　　月	3月，6月，9月，12月のうち19の限月
取 引 単 位	日経平均株価×1,000円
呼値の単位	10円
取引最終日	各限月の第2金曜日（休業日の場合は繰上げ）の前日（休業日の場合は繰上げ）に終了する取引日
決 済 方 法	1．転売または買戻し 2．最終決済

　日本国内では，大阪取引所において，東証株価指数（TOPIX）先物や日経平均株価（日経225）先物等の国内株価指数先物，中期国債標準物や長期国債標準物等の国債先物および東証 REIT（不動産投資信託）指数先物等が上場されています。

　大阪取引所における日経平均株価（日経225）先物取引の概要は，**図表 4 - 2 - 6** のとおりです。

　株式を保有している企業が，将来の株価下落を予想する場合，株価指数先物を売り建てることによって，その後株価下落により損失が生じたとしても，株価指数先物取引の売建てから利益が生じるため，損失を穴埋めすることができます。とくに大量かつ多数銘柄の株式を保有している場合には，有効に利用することができます。

　ただし，複数の資産・負債から構成されるヘッジ対象のヘッジ（包括ヘッジ）について，ヘッジ会計を適用する要件としては，リスク要因が共通していることのほか，リスクに対する反応が同一グループ内の個々の資産または負債との間でほぼ一様であることが求められます。したがって，複数銘柄による株式ポートフォリオの時価変動を株価指数先物取引でヘッジしようとする場合でも，個々の銘柄の株価が株価指数先物価格と同様に反応するとはいえないため，一般的にヘッジ会計を適用することはできません（金融商品会計実務指針第152

項）。

⑤　商品先物取引

　商品先物取引は，売買の当事者が取引所の定める基準および方法に従い，将来の一定の時期において特定の商品およびその対価の授受を約する売買であって，当該売買の目的となっている商品の転売または買戻しをしたときは差金の授受によって決済することができる取引です。ただし，同一種類の商品であっても品質にはさまざまなものがあるため，取引所および上場商品ごとに標準品が定められ，これが取引の対象となります。

　決済は，反対売買による差金決済のほか，取引最終日までに反対売買によって決済されなかった売買建玉については，受渡期日において現物商品の受渡決済が行われます。この場合，現物商品は取引所の定める受渡供用品でなければなりません。受渡供用品が標準品と異なる場合には，その格差を計算して受渡代金を決定します。商品の受渡しは，取引所指定倉庫発行の倉荷証券の受渡しによって行われます。

　現物商品の先物取引のほか，取引所における約定価格を指数化した商品指数の先物取引もあります。商品指数先物取引の決済はすべて反対売買による現金決済です。

　日本国内の商品先物取引所としては，東京商品取引所，堂島取引所および大阪取引所があります。各取引所において上場されている商品先物は，**図表4－2－7**のとおりです。

図表4-2-7　**日本国内で行われている商品先物取引**	
商品先物取引所	**上場商品**
東京商品取引所	ガソリン，灯油，原油，中京石油ガソリン，中京石油灯油
堂島取引所	大豆，小豆，とうもろこし，粗糖
大阪取引所	一般大豆，小豆，とうもろこし，金，銀，白金，パラジウム，ゴム

図表 4-2-8	堂島取引所におけるとうもろこし先物取引の概要
標　準　品	アメリカ合衆国産黄とうもろこし USDA 規格 No.3
限　　　　月	1月，3月，5月，7月，9月，11月の6限月（14ヵ月以内の奇数月）
取　引　単　位	50,000kg
呼　値　の　単　位	1,000kg 当たり10円
納会日（取引最終日）	偶数月の15日
受　渡　期　間	受渡月の1日から末日まで
受　渡　場　所	鹿島港，志布志港

図表 4-2-9	大阪取引所における金先物取引（標準取引）の概要
標　準　品	純度99.99%以上の金地金
限　　　　月	2月，4月，6月，8月，10月，12月の6限月
取　引　単　位	1kg（1枚）
呼　値　の　単　位	1g 当たり1円
納会日（取引最終日）	受渡日から起算して4営業日前に当たる日
受　渡　期　間	毎偶数月最終営業日（12月は24日） 当日が半休業日の場合は，順次繰り上げる
受　渡　場　所	取引所の指定倉庫（東京都所在の営業倉庫）

　また，堂島取引所におけるとうもろこし先物取引および大阪取引所における金先物取引の概要は，**図表4-2-8**および**図表4-2-9**のとおりです。

　商品先物取引は，需給関係，天候等，相場を左右する要因が複雑であり，価格が乱高下するものもあるため，投機目的で行う場合には，金融先物取引に比べてリスクは高いといえます。しかし，それだけに将来の商品売買にかかる価格変動リスクをヘッジする手段としては，大きな存在価値があります。

⑷ 設例による仕訳例

設例 1　債券先物取引による包括ヘッジ

【前提条件】

ヘッジ対象　X1年2月1日からX1年6月1日まで

　　　　　　　その他有価証券として保有している債券15銘柄

　　　　　　　　債券金額合計　12,000百万円

　　　　　　　　帳簿価額合計　12,040百万円

　　　　　　X1年6月1日から

　　　　　　　その他有価証券として保有している債券14銘柄

　　　　　　　　債券金額合計　10,000百万円

　　　　　　　　帳簿価額合計　10,035百万円

ヘッジ手段　X1年2月1日からX1年6月1日まで

　　　　　　　　X1年6月限月債券先物120単位（1単位当たり100百万円）の売建て

　　　　　　X1年6月1日から

　　　　　　　　X2年6月限月債券先物100単位の売建て

　X1年6月1日に，債券のうち1銘柄（債券金額2,000百万円，帳簿価額2,005百万円）を2,030百万円で売却した。

債券および債券先物の時価の推移

	債券先物の時価			
	単　価	契約合計額	保有債券全体の時価	売却債券の時価
（一部売却前）				
X1年2月1日	100.30	12,036	12,050	2,030
X1年3月31日	100.90	12,108	12,110	2,040
時価変動幅		△72	60	10
X1年6月1日	100.30	11,904	11,920	2,010
時価変動幅（累計）		132	△130	△20
（一部売却後）				
X1年6月1日	100.60	10,060	9,940	
X2年3月31日	99.80	9,980	9,870	
時価変動幅		80	△70	

実効税率：30%

繰延税金資産はすべて回収可能

> **参考**
>
> ### 限月間スプレッド取引
>
> 先物取引は，決済期限が限月単位で定められていますが，異なる2つの限月取引の価格差を呼値とする，限月間スプレッド取引というものもあります。
>
> 限月間スプレッドとは，期近限月と期先限月，たとえば3月限月と6月限月の2つの取引の間の価格差のことです。限月間スプレッド取引は，2つの限月取引について，同時に売建てと買建てを行ったのと同じことになります。それを1回の取引で成立させてしまう点が特色で，とくに限月乗換えの際などに利用価値が大きいと考えられます。
>
> 大阪取引所において中期国債先物，長期国債先物および TOPIX 先物，日経平均株価（日経225）先物等の限月間スプレッド取引が上場されています。

（注）1．本設例では，包括ヘッジの対象債券の一部を売却すると同時に，ヘッジ手段の債券先物取引の限月乗換えを行っていますが，そのような操作を行わなくてもヘッジ手段の最終決済日まで包括ヘッジを継続することは可能です。

2．以下の仕訳例では，単純化のため，債券への償却原価法の適用による会計処理は省略しています。また，債券の売却および債券先物の決済の処理は，本来は入出金日ではなく，約定日に行いますが，約定日と入出金日のずれにかかる会計処理は省略しています。

【仕訳例】 ヘッジ会計を行わない場合（単位：百万円）

① 債券先物売建契約締結日（X1年2月1日）

> 仕訳なし

（注） 会計上，債券先物取引として認識されますが，時価はゼロであるためです。

② 決算日（X1年3月31日）

a．債券の時価評価

債券を時価評価し，評価差額から税効果額を控除した純額を純資産の部

に計上します。

(借)	投 資 有 価 証 券	70	(貸)	その他有価証券 評価差額金(純資産)	49
				繰 延 税 金 負 債	21

12,110百万円−12,040百万円＝70百万円

70百万円×30％＝21百万円

ｂ．債券先物の時価評価

債券先物を時価評価し，評価差額を当期の損益として処理します。

(借)	債 券 先 物 損 益	72	(貸)	債券先物(負債)	72

③　翌期首（X1年4月1日）

ａ．債券の時価評価の振戻し

(借)	その他有価証券 評価差額金(純資産)	49	(貸)	投 資 有 価 証 券	70
	繰 延 税 金 負 債	21			

ｂ．債券先物の時価評価の振戻し

(借)	債券先物(負債)	72	(貸)	債 券 先 物 損 益	72

④　一部債券の売却，債券先物の買戻し決済および X2年6月限月債券先物売
建日（X1年6月1日）

ａ．一部債券の売却

(借)	現 金 預 金	2,010	(貸)	投 資 有 価 証 券	2,005
				有価証券売却益	5

ｂ．債券先物の買戻し決済

（借）	現 金 預 金	132	（貸）	債 券 先 物 損 益	132

ｃ．X2年 6 月限月債券先物の売建て

仕訳なし

⑤ 決算日（X2年 3 月31日）

ａ．債券の時価評価

債券を時価評価し，評価差額から税効果額を控除した純額を純資産の部に計上します。

（借）	その他有価証券 評価差額金(純資産)	115.5	（貸）	その他有価証券	165
	繰 延 税 金 資 産	49.5			

9,870百万円－10,035百万円＝△165百万円

165百万円×30％＝49.5百万円

ｂ．債券先物の時価評価

債券先物を時価評価し，評価差額を当期の損益として処理します。

（借）	債券先物(資産)	80	（貸）	債 券 先 物 損 益	80

【仕訳例】 ヘッジ会計（繰延ヘッジ）を行う場合 （単位：百万円）

① 債券先物売建契約締結日（X1年 2 月 1 日）

仕訳なし

② 決算日（X1年3月31日）

a．債券の時価評価

債券を時価評価し，評価差額から税効果額を控除した純額を純資産の部に計上します。

| （借） | 投資有価証券 | 70 | （貸） | その他有価証券評価差額金（純資産） | 49 |
| | | | | 繰延税金負債 | 21 |

b．債券先物の時価評価

債券先物を時価評価し，評価差額から税効果額を控除した純額を純資産の部において繰り延べます。

| （借） | 繰延ヘッジ損益（純資産） | 50.4 | （貸） | 債券先物（負債） | 72 |
| | 繰延税金資産 | 21.6 | | | |

（注） ヘッジ有効性の判定

72/60＝120％≦125％（≧80％）…有効性は高いと判定されます。

なお，繰延税金資産と繰延税金負債は相殺して表示します。

③ 翌期首（X1年4月1日）

a．債券の時価評価の振戻し

| （借） | その他有価証券評価差額金（純資産） | 49 | （貸） | 投資有価証券 | 70 |
| | 繰延税金負債 | 21 | | | |

b．債券先物の時価評価の振戻し

| （借） | 債券先物（負債） | 72 | （貸） | 繰延ヘッジ損益（純資産） | 50.4 |
| | | | | 繰延税金資産 | 21.6 |

④ 一部債券の売却，債券先物の買戻し決済および X2年6月限月債券先物売
建日（X1年6月1日）

　　ａ．一部債券の売却

（借）現 金 預 金	2,010	（貸）投 資 有 価 証 券	2,005
		有価証券売却益	5

　　ｂ．債券先物の買戻し決済

（借）現 金 預 金	132	（貸）有価証券売却益	22
		繰延ヘッジ損益 （純　資　産）	77
		繰 延 税 金 負 債	33

　　132百万円×2,005/12,040＝22百万円

（注）　ヘッジ有効性の判定

　　　132/130＝101%≦125%（≧80%）…有効性は高いと判定されます。

　　　上記では，ヘッジ取引終了時の帳簿価額を基礎としてヘッジ手段にかかる損
　　益を配分していますが，その他の配分基準による場合，売却した債券への配分
　　額は以下のようになります。

　　●ヘッジ取引開始時の時価を基礎とする場合
　　　132百万円×2,030/12,050＝22百万円

　　●ヘッジ取引終了時の時価を基礎とする場合
　　　132百万円×2,010/11,920＝22百万円

　　●ヘッジ取引開始時からヘッジ取引終了時までの間の時価変動幅を基礎とす
　　　る場合
　　　132百万円×20/130＝20百万円

　　ｃ．X2年6月限月債券先物の売建て

仕訳なし

⑤　決算日（X2年3月31日）

　a．債券の時価評価

| （借） | その他有価証券
評価差額金(純資産) | 115.5 | （貸） | 投資有価証券 | 165 |
| | 繰延税金資産 | 49.5 | | | |

　165百万円×30％＝49.5百万円

　b．債券先物の時価評価

| （借） | 債券先物(資産) | 80 | （貸） | 繰延ヘッジ損益
（純　資　産） | 56 |
| | | | | 繰延税金負債 | 24 |

　80百万円×30％＝24百万円

（注）　ヘッジ有効性の判定

　　　80/70＝114％≦125％（≧80％）…有効性は高いと判定されます。

【仕訳例】　ヘッジ会計（時価ヘッジ）を行う場合（単位：百万円）

①　債券先物売建契約締結日（X1年2月1日）

仕訳なし

②　決算日（X1年3月31日）

　a．債券先物の時価評価

　　債券先物を時価評価し，評価差額を当期の損益として処理します。

| （借）　債券先物損益 | 72 | （貸）　債券先物(負債) | 72 |

　b．債券の時価評価

　　債券を時価評価し，ヘッジ取引開始時までの評価差額から税効果額を控除した純額を純資産の部に計上し，ヘッジ取引開始後の評価差額を当期の

損益として処理します。

（借） 投資有価証券	70	（貸）	その他有価証券 評価差額金(純資産)	7
			繰延税金負債	3
			その他有価証券 評　価　損　益	60

12,050百万円－12,040百万円＝10百万円

10百万円×30％＝3百万円

③　翌期首（X1年4月1日）

　a．債券先物の時価評価の振戻し

（借）　債券先物(負債)	72	（貸）　債券先物損益	72

　b．債券の時価評価の振戻し

（借）	その他有価証券 評価差額金(純資産)	7	（貸）　投資有価証券	70
	繰延税金負債	3		
	その他有価証券 評　価　損　益	60		

④　一部債券の売却，債券先物の買戻し決済およびX2年6月限月債券先物売建日（X1年6月1日）

　a．一部債券の売却

（借）　現　金　預　金	2,010	（貸）　投資有価証券	2,005
		有価証券売却益	5

　b．債券先物の買戻し決済

（借）　現　金　預　金	132	（貸）　債券先物損益	110
		有価証券売却益	22

⑤　決算日（X2年3月31日）

　a．債券先物の時価評価

　　債券先物を時価評価し，評価差額を当期の損益として処理します。

（借）　債券先物（資産）	80	（貸）　債 券 先 物 損 益	80

　b．債券の時価評価

　　債券を時価評価し，ヘッジ取引開始時までの評価差額から税効果額を控除した純額を純資産の部に計上し，ヘッジ取引開始後の評価差額を当期の損益として処理します。

（借）　その他有価証券 評価差額金（純資産）	10.5	（貸）　投 資 有 価 証 券	165
繰 延 税 金 資 産	4.5		
その他有価証券 評 価 損 益	150		

9,870百万円−10,035百万円＝△165百万円

（12,050百万円−2,030百万円）−（12,040百万円−2,005百万円）＝△15百万円

15百万円×30％＝4.5百万円

設例2　金利先物取引による予定借入取引のヘッジ

【前提条件】

ヘッジ対象　2月1日現在予定している借入金10,000百万円

　　　　　　金利：TONA＋0.5％（後払い）

　　　　　　期間：5月1日から同年7月31日まで（3ヵ月間）

ヘッジ手段　TONA3ヵ月金利先物100単位（1単位当たり100百万円）の売建て

　　　　　　売 建 約 定 日：2月1日

　　　　　　売建約定価格：97.80

　　　　　　買戻し決済日：5月1日

　　　　　　買戻し約定価格：97.62

TONA3ヵ月金利先物相場およびTONAの推移

	2月1日	3月31日	5月1日
TONA3ヵ月金利先物	97.820(2.180%)	97.700(2.300%)	97.620(2.380%)
TONA	96.785(3.275%)	96.620(3.380%)	96.500(3.500%)

（注） 以下の仕訳例では，単純化のため，借入金利息計算および金利の期間配分は月割りで計算しています。金利先物の決済の処理は，本来は入出金日ではなく，約定日に行いますが，約定日と入出金日のずれにかかる会計処理は省略しています。また，税効果の考慮も省略しています。

【仕訳例】 ヘッジ会計を行う場合（単位：百万円）

① 金利先物売建約定日（2月1日）

仕訳なし

② 決算日（3月31日）

金利先物を時価評価し，評価差額を繰り延べます。

（借） 金利先物（資産）	3	（貸） 繰延ヘッジ損益（純資産）	3

100×100百万円×(97.820−97.700)/100× 3 /12＝ 3 百万円

（注） ヘッジ有効性の判定

(2.300%−2.180%)/(3.380%−3.275%)＝114%≦125%（≧80%）

有効性は高いと判定されます。

③ 翌期首（4月1日）

（借） 繰延ヘッジ損益（純資産）	3	（貸） 金利先物（資産）	3

④ 金利先物買戻し決済日および借入日（5月1日）

a．借入金の計上

（借） 現 金 預 金	10,000	（貸） 借 入 金	10,000

b．金利先物の決済

（借）現 金 預 金	5	（貸）繰延ヘッジ損益 （純 資 産）	5

100×100百万円×(97.820−97.620)/100×3/12＝5百万円

（注）　ヘッジ有効性の判定
　　(2.380％−2.180％)/(3.500％−3.275％)＝88％≧80％（≦125％）
　　有効性は高いと判定されます。

　金利先物の決済受取額は，ヘッジ対象である借入金の支払利息の認識と合わせるため，繰延べを行います。

⑤　借入金返済日（7月31日）

a．借入金の返済および利息の支払い

（借）借　入　金	10,000	（貸）現 金 預 金	10,100
支 払 利 息	100		

10,000百万円×(3.500％＋0.5％)×3/12＝100百万円

b．繰延ヘッジ損益の振替え

（借）繰延ヘッジ損益 （純 資 産）	5	（貸）支 払 利 息	5

設例3　商品先物取引による予定仕入取引のヘッジ

【前提条件】

ヘッジ対象　4月に予定されている原材料仕入100,000kg
　　　　　　実行される可能性が極めて高いものである。
ヘッジ手段　商品先物100単位（1単位当たり1,000kg）の買建て
　　　　　　買建約定日：2月1日
　　　　　　買建約定価格：2,320円

転売決済日：4月30日

転売約定価格：2,410円

　ヘッジ効果の事前確認により，原材料と商品先物の相場変動には高い相関関係があると認められた。

商品先物相場および原材料価格の推移（単位：円）

	2月1日	3月31日	4月30日
商品先物相場	2,320	2,350	2,410
原材料価格	2,355	2,390	2,450

　（注）　商品先物の決済の処理は，本来は入出金日ではなく，約定日に行いますが，以下の仕訳例では，単純化のため，約定日と入出金日のずれにかかる会計処理は省略しています。また，税効果の考慮も省略しています。

【仕訳例】　ヘッジ会計を行う場合（単位：百万円）

① 商品先物売建約定日（2月1日）

仕訳なし

② 決算日（3月31日）

商品先物を時価評価し，評価差額を繰り延べます。

（借）　商品先物（資産）	3	（貸）　繰延ヘッジ損益 （純　資　産）	3

$100 \times 1,000 \times (2,350円 - 2,320円) = 3$ 百万円

　（注）　ヘッジ有効性の判定

$(2,350 - 2,320)/(2,390 - 2,355) = 85\% \geqq 80\%$　（$\leqq 125\%$）

有効性は高いと判定されます。

③ 翌期首（4月1日）

（借）　繰延ヘッジ損益 （純　資　産）	3	（貸）　商品先物（資産）	3

④　原材料仕入および商品先物転売決済日（4月30日）

a．原材料仕入の計上

（借）原材料仕入	245	（貸）借入金	245

100,000×2,450円＝245百万円

b．商品先物の決済

（借）現金預金	9	（貸）繰延ヘッジ損益 （純資産）	9

100×1,000×（2,410円－2,320円）＝9百万円

c．繰延ヘッジ損益の振替え

（借）繰延ヘッジ損益 （純資産）	9	（貸）原材料仕入	9

（注）ヘッジ有効性の判定

（2,410－2,320）/（2,450－2,355）＝94％≧80％（≦125％）

有効性は高いと判定されます。

設例4　商品先物取引による在庫商品価格のヘッジ

【前提条件】

ヘッジ対象　商品10,000kg

　　　　　　帳簿価額　230百万円（帳簿単価　23,000円）

ヘッジ手段　商品先物10単位（1単位当たり1,000kg）の売建て

　　　　　　売建約定日：2月1日

　　　　　　売建約定価格：20,500円

　ヘッジ効果の事前確認により，商品と商品先物の相場変動には高い相関関係があると認められた。

　ヘッジ取引開始後，商品価格および商品先物相場が上昇し，その後も商品価格が上昇すると予測したため，3月1日に商品先物を約定価格22,000円で買い戻して決済した。

4月30日に商品を239百万円で販売した。

商品価格の推移（単位：円）

	2月1日	3月1日	3月31日
ケース1	23,600	25,200	24,500
ケース2	22,500	24,200	23,200
ケース3	24,000	25,300	23,800

（注） 商品先物の決済の処理は，本来は入出金日ではなく，約定日に行いますが，以下の仕訳例では，単純化のため，約定日と入出金日のずれにかかる会計処理は省略しています。また，税効果の考慮も省略しています。

【仕訳例】 ヘッジ会計を行う場合（ケース1）（単位：百万円）

① 商品先物買建約定日（2月1日）

仕訳なし

② 商品先物買戻し決済日（3月1日）

（借） 繰延ヘッジ損益 （純 資 産）	15	（貸） 現 金 預 金	15

$10 \times 1,000 \times (20,500円 - 22,000円) = \triangle 15百万円$

（注） ヘッジ有効性の判定

$(22,000 - 20,500)/(25,200 - 23,600) = 93\% \geqq 80\%$ （$\leqq 125\%$）

有効性は高いと判定されます。

③ 決算日（3月31日）

仕訳なし

④ 商品販売日（4月30日）

a. 商品売上の計上

（借） 現 金 預 金	239	（貸） 売 上	239

ｂ．繰延ヘッジ損益の振替え

（借）売　　　　　上	15	（貸）繰延ヘッジ損益 　　　（純　資　産）	15

【仕訳例】　ヘッジ会計を行う場合（ケース２）（単位：百万円）

① 商品先物買建約定日（２月１日）

仕訳なし

② 商品先物買戻し決済日（３月１日）

（借）繰延ヘッジ損益 　　　（純　資　産）	15	（貸）現　金　預　金	15

（注）　ヘッジ有効性の判定

$(22,000-20,500)/(24,200-22,500)=88\%\geqq80\%$（$\leqq125\%$）

有効性は高いと判定されます。

③ 決算日（３月31日）

ヘッジ会計終了時点における損失の見積り

（借）ヘッジ取引損失 　　　（当　期　損　益）	10	（貸）繰延ヘッジ損益 　　　（純　資　産）	10

$10,000\times(24,200円-23,200円)=10百万円$

（注）　商品価格がヘッジ取引（商品先物取引）終了時点の24,200円から23,200円へと下落し，商品売却時点で重要な損失が生じるおそれがあるため，ヘッジ会計の適用を中止した後におけるヘッジ対象の相場変動に相当する部分を当該損失部分の見積額として損失処理します。結果的にヘッジ取引開始前の含み損 $10,000\times(23,000円-22,500円)=5百万円$ だけが繰延ヘッジ損益（純資産）残高として残ることになります。

④ 商品販売日（4月30日）

a．商品売上の計上

（借）現　金　預　金	239	（貸）売　　　　　上	239

b．繰延ヘッジ損益の振替え

（借）売　　　　　上	5	（貸）繰延ヘッジ損益 （純　資　産）	5

【仕訳例】　ヘッジ会計を行う場合（ケース3）（単位：百万円）

① 商品先物買建約定日（2月1日）

仕訳なし

② 商品先物買戻し決済日（3月1日）

（借）繰延ヘッジ損益 （純　資　産）	15	（貸）現　金　預　金	15

（注）　ヘッジ有効性の判定

$(22,000-20,500)/(25,300-24,000)=115\%\leqq125\%$　$(\geqq80\%)$

有効性は高いと判定されます。

③ 決算日（3月31日）

ヘッジ会計終了時点における損失の見積り

（借）ヘッジ取引損失 （当　期　損　益）	7	（貸）繰延ヘッジ損益 （純　資　産）	7

15百万円－10,000×（23,800円－23,000円）＝7百万円

（注）　商品価格がヘッジ取引（商品先物取引）終了時点の25,300円から23,800円へと下落し，商品売却時点で重要な損失が生じるおそれがあるため，ヘッジ会計の適用を中止した後におけるヘッジ対象の相場変動に相当する部分を当該損失部分の見積額として損失処理します。ヘッジ取引開始時にヘッジ対象に含み

益があったので，期末現在の含み益10,000×（23,800円－23,000円）＝ 8 百万円
だけが繰延ヘッジ損益（純資産）残高として残ることになります。

④ 商品販売日（ 4 月30日）

　a ．商品売上の計上

| （借）現　金　預　金 | 239 | （貸）売　　　　　　上 | 239 |

　b ．繰延ヘッジ損益の振替え

| （借）売　　　　　　上 | 8 | （貸）繰延ヘッジ損益
　　　（純　資　産） | 8 |

③ ── スワップ取引

(1) スワップ取引とは

　スワップとは「交換」を意味します。交換取引において前提となるのは，取
引時点では当事者間でそれぞれの交換対象物が等価値ということです。スワッ
プ取引において対象となる「物」は「キャッシュ・フロー」であり，**スワップ
取引**とは，契約当事者が取引の約定時点で経済的価値の等しいキャッシュ・フ
ローを，一定期間にわたり，あらかじめ決められた条件に従って交換すること
を約する取引であるということができます。具体的には，やや難しくなります
が，スワップ取引とは，当事者が元本として定めた金額（これを「想定元本」
といいます）または数量について当事者の一方が相手方と取り決めた利率，為
替相場，商品価格等およびこれらの指標の約定した期間における変化率等に基
づいて金銭を支払い，相手方が当事者の一方と取り決めた利率，為替相場，商
品価格等およびこれらの指標の約定した期間における変化率等に基づいて金銭
を支払うことを相互に約する取引（これらの金銭の支払いとあわせて当該元本
として定めた金額に相当する金銭または金融商品を授受することを約するもの

図表 4 - 3 - 1	代表的なスワップ取引
金利スワップ	同一通貨間で異なる金利の支払い（キャッシュ・フロー）を交換する取引
通貨スワップ	異種通貨間でキャッシュ・フローを交換する取引
商品スワップ	原油，金属等の固定と変動の商品価格あるいは商品指数と金利によるキャッシュ・フローを交換する取引
エクイティ・スワップ	株価指数と金利によるキャッシュ・フローを交換する取引
トータル・リターン・スワップ	特定の参照資産に関するキャッシュ・フローと，定期的な金利相当のキャッシュ・フローを交換する取引。結果的に特定の参照資産に関するキャッシュ・フロー変動リスクを移転することになる。

を含みます）ということになります。スワップ取引には**図表 4 - 3 - 1**のようなものがあります。

　スワップ取引は契約当事者が一定の期間，一定の条件のもとにキャッシュ・フローを交換する取引ですから，契約当事者間のニーズがあれば上記以外にもいろいろな交換取引が考えられます。

⑵　スワップ取引の利用目的

　スワップ取引の利用目的には，大きく分けて，ヘッジ，裁定，投機の 3 つがありますが，金融機関や一部の一般事業会社を除いては，ヘッジ目的で取引を行うケースが多いと思われます。

　スワップ取引は相対取引であり，取引条件に融通が利くことから，金利変動リスク回避のため，個別紐付きで変動金利（価格）取引をスワップ取引により実質的に固定金利（価格）取引に変換してキャッシュ・フローを固定化したり，あるいは，その逆に固定金利（価格）取引を変動金利（価格）取引に変換して相場変動を相殺するヘッジを行うことに用いられます。また，外貨建取引の為替変動リスク回避のため，個別紐付きでスワップ取引を用いることもあります。

収益獲得活動の一環として，相場観に基づきスワップ取引を行うこともありますが，リスク管理方針に基づく一定のルールのもとで取引を行うべきものと考えられます。

⑶ 代表的なスワップ取引

① 金利スワップ

ⅰ）金利スワップ取引の仕組み

金利スワップ取引は，契約当事者が同一通貨間で異なる金利の支払い（キャッシュ・フロー）を定期的に交換する取引です。金利スワップ取引では，元本の交換を行うことなく，契約期間において想定元本に基づいて計算された金利の支払いの交換を行います。固定金利と変動金利を交換するものが典型的ですが，基準の異なる変動金利どうし（たとえば，TORF と TIBOR や3ヵ月物と1年物）を交換するものもあります。これは，**ベーシス・スワップ**と呼ばれるもので，保有する利付資産または利付負債を保有する利付資産に対応する負債調達金利または利付負債に対応する資産運用金利のインデックスと一致するように変換させることにより，利付負債を財源とする資産運用の利鞘を確定させる場合に利用されます。

ⅱ）金利スワップの特例処理

金利スワップ取引は，他のデリバティブ取引と同様に，取引により生じる正味の債権および債務は時価をもって貸借対照表価額とし，評価差額は原則として当期の損益として処理しますが，ヘッジ会計の方法として，繰延ヘッジ，時価ヘッジのほかに，**金利スワップの特例処理**が認められています。これは，金融商品会計基準（注14）において，「資産又は負債に係る金利の受払条件を変換することを目的として利用されている金利スワップが金利変換の対象となる資産又は負債とヘッジ会計の要件を充たしており，かつ，その想定元本，利息の受払条件（利率，利息の受払日等）及び契約期間が当該資産又は負債とほぼ同一である場合には，金利スワップを時価評価せず，その金銭の受払の純額等を当該資産又は負債に係る利息に加減して処理することができる。」とされている

ものです。

　ヘッジ取引として行われている金利スワップがヘッジ会計の要件を満たす場合，原則として，金利スワップを時価評価して資産または負債として計上し，評価差額を純資産の部において繰り延べることになります。しかし，金利スワップにより固定利付資金取引を実質的に変動利付資金取引に，または，変動利付資金取引を実質的に固定利付資金取引に変換することを目的として行われている取引についてはその実態に鑑み，ヘッジ対象資産または負債と金利スワップの一体処理を行う特例処理を認めたものと考えられます。ただし，あくまでも例外的な取扱いであり，金利スワップの特例処理が認められるためには，次の条件をすべて満たす必要があります（金融商品会計実務指針第178項および金融商品Q&A　Q58のA）。

　ａ）金利スワップの想定元本と貸借対照表上の対象資産または負債の元本金額の差異が５％以内であること

　ｂ）金利スワップとヘッジ対象資産または負債の契約期間および満期の差異が５％以内であること

　ｃ）対象となる資産または負債の金利が変動金利である場合には，その基礎となっているインデックスと金利スワップで受払される変動金利の基礎となっているインデックスが一致あるいは高い相関関係にあること

　ｄ）金利スワップの金利改定のインターバルおよび金利改定日と，ヘッジ対象の資産または負債のそれらとの差異が３ヵ月以内であること

　ｅ）金利スワップの受払条件がスワップ期間を通して一定であること（同一の固定金利および変動金利のインデックスがスワップ期間を通して使用されていること）

　ｆ）金利スワップに期限前解約オプション，支払金利のフロアーまたは受取金利のキャップが存在する場合には，ヘッジ対象の資産または負債に含まれた同等の条件を相殺するためのものであること

　なお，売買目的有価証券およびその他有価証券は，時価をもって貸借対照表に計上されるため，特例処理の対象とすることはできません。

金利指標改革と金利スワップの特例処理の関係

参考

　§2 **4** の「参考：TIBOR」で記載したとおり，従来デリバティブを含む金融商品に関する取引で一般的に利用されていた金利指標であるLIBORは，2021年12月末（一部の米ドル建LIBORについては2023年6月末）をもって，公表が停止されました。これに伴い，実務上，既存の資金貸借契約や金利スワップ契約等でLIBORを参照していた契約は，東京ターム物リスク・フリー・レート（TORF）（株式会社QUICKベンチマークスが金融機関の信用リスクをほぼ含まない「無担保コール翌日物金利」を原資産とするデリバティブ取引のデータから算出・公表するLIBORの後継指標の1つ）等の後継指標に参照指標を変更する契約変更を行ったり，既存契約をいったん合意解約し，新規契約に切り替えるなどの対応が行われています。

　こうした対応を行う中で，金利スワップの特例処理を採用していた契約について，LIBORの廃止に伴う契約条件の変更等が，特例処理の要件に抵触することになり特例処理の継続ができないのではないか（たとえば，ヘッジ対象である変動金利借入の参照金利がLIBORからTORFに変更されたことに伴い，金利スワップにおける変動金利の参照金利もLIBORからTORFに変更するような契約変更を行った場合，特例処理の要件のうち「金利スワップの受払条件がスワップ期間を通して一定であること」の要件を満たさなくなるのではないか，といった意見）という懸念が生じていました。

　こうした懸念を受けて，ASBJはLIBORの公表停止とそれに伴う実務上の対応が，会計基準が開発された当時は想定されていない事象であり，企業にとって不可避的に生じる性質のものであることを踏まえて，LIBORの公表停止に伴う，ヘッジ会計の適用に関する特例的な取扱いを定める目的で，2020年9月にLIBOR参照金融商品ヘッジの取扱いを公表しました。

　LIBOR参照金融商品ヘッジの取扱いでは，金利スワップの特例処理を適用している契約において，実務対応報告の適用対象となる契約条件の変更や契約の切替えが行われた場合には，当該契約が特例処理の適用要件のうち「金利スワップの受払条件がスワップ期間を通して一定であること」以外の要件を引き続き満たしている場合には，特例処理の適用を継続することができるとしています（LIBOR参照金融商品ヘッジの取扱い第19項および第19-2項）。

② 通貨スワップ

ⅰ）通貨スワップ取引の仕組み

通貨スワップ取引は，契約当事者が異種通貨の元利相当額にかかる包括的キャッシュ・フローを交換する取引であり，約定時点での為替相場と金利相場に基づき，両者のキャッシュ・フローを定期的に交換します。金利スワップ取引が同種通貨間の金利を交換する取引であるのに対して，通貨スワップは異種通貨間の元本および金利相当額を交換する取引です。元本を交換せず異種通貨の想定元本をもとに金利相当額を交換する取引（**クーポン・スワップ**）もあります。元本交換の有無および金利相当額の組み合わせを考えると，通貨スワップは**図表4-3-2**のような類型になります。

最も単純な通貨スワップは，取引約定日の市場実勢為替相場が通貨スワップの元本の交換レートとして用いられ，満期日においてもそれと同じ交換レートが用いられることから，異種通貨間の債権債務の交換取引と同様のものですが，それに限らず，交換されるキャッシュ・フローの現在価値が等価値である限り，契約当事者間の合意により契約期間におけるキャッシュ・フローをさまざまに変えることができます。

ⅱ）通貨スワップの振当処理

通貨スワップ取引は，他のデリバティブ取引と同様に，取引により生じる正味の債権および債務は時価をもって貸借対照表価額とし，評価差額は原則とし

図表4-3-2 **通貨スワップの類型**

通貨スワップ（異種通貨間のキャッシュ・フローの交換）	元本および金利相当額の交換	固定金利　対　固定金利
		固定金利　対　変動金利
		変動金利　対　変動金利
	金利相当額のみの交換（クーポン・スワップ）	固定金利　対　固定金利
		固定金利　対　変動金利
		変動金利　対　変動金利

クーポン・スワップ

参考

通貨スワップのうち，元本の交換を行わず，各種通貨ペアの金利相当額のみを交換する取引を特にクーポン・スワップと呼びます。一定期間にわたって固定レートで外貨の交換ができるため，貿易取引で外貨の取扱いがある企業が，為替変動リスクをヘッジする目的で利用することが多い取引です。

クーポン・スワップは，包括的な長期為替予約として，外貨建売上または仕入にかかる為替変動リスクのヘッジに利用されることがあります。クーポン・スワップは，包括的な長期為替予約という見方をした場合，円の利子率が外貨，たとえばドルの利子率よりも低い場合に，両通貨の金利差のために受渡期日が長期になればなるほどドルをより低い相場で購入することができることを利用して，契約期間中のキャッシュ・フローの現在価値がドルの購入額と円の支払額とで等しくなるような同一レートに契約レートが設定されている取引であると理解することができます。

これを外貨建売上または仕入にかかる為替変動リスクのヘッジ手段として利用する場合，契約時と満期時の元本の交換もなく，また，為替予約と同等とも認められないため，通常，振当処理の対象とはならないこと，ヘッジ手段となる部分については，契約レートを契約締結時の理論先物相場に引き直して算定された価額を評価差額として純資産の部において繰り延べることに留意が必要です。また，契約期間が1年以上である場合には，ヘッジ対象となる予定取引の実行可能性に疑義が生じるので，ヘッジ会計が適用できない可能性が高くなります。詳しくは，金融商品Q&A Q55-2を参照してください。

て当期の損益として処理しますが，ヘッジ会計の方法として，繰延ヘッジ，時価ヘッジのほかに，為替予約と同様の振当処理が認められています。これは，外貨建基準注解注6において，「ヘッジ会計を適用する場合には，金融商品に係る会計基準における「ヘッジ会計の方法」によるほか，当分の間，為替予約等により確定する決済時における円貨額により外貨建取引及び金銭債権債務等を換算し直物為替相場との差額を期間配分する方法（以下「振当処理」という。）

によることができる。」とされているものです。

　決算日レートで換算され，換算差額が当期の損益として処理される外貨建金銭債権債務等について，通貨スワップにより為替変動リスクのヘッジを行った場合，ヘッジ手段である通貨スワップを時価評価し，ヘッジ対象である外貨建金銭債権債務等を決算日レートで換算することにより，損益の計上時期が一致し，ヘッジ取引の効果が自動的に損益計算書に反映されるため，ヘッジ会計の対象外となります。

　しかし，通貨スワップの振当処理は，以下の実態に鑑み，ヘッジ対象資産または負債と通貨スワップの一体処理を認めたものです。

① 　外貨建借入金等に**直先フラット型**の通貨スワップを付した場合には，借入時のスワップ・レートと返済時のスワップ・レートが同一であることから借入金額と返済金額が同額となり，実質的に円建てで資金調達するのと同様の効果があること

② 　外貨建借入金等に**為替予約型**の通貨スワップを付した場合には，返済時の外貨元本金額およびそれまでの期間における外貨の支払利息額に，それぞれの時点を決済期日とする為替予約相場と同等と認められるスワップ・レートを適用することにより，元本返済金額と支払利息額が円貨額で確定するため，外貨建ての元本返済金額および支払利息額に個別に為替予約を付したのと同様の効果があること

　直先フラット型および為替予約型については，**図表 4 - 3 - 3** を参照してください。

　振当処理とは，為替予約等により固定されたキャッシュ・フローの円貨額により外貨建金銭債権債務を換算し，直物為替相場による換算額との差額（直先差額）を，為替予約等の契約締結日から外貨建金銭債権債務の決済日までの期間にわたり配分する方法をいいます(外貨建実務指針第 3 項)。振当処理の対象となる外貨建金銭債権債務等は為替予約等が振当処理されることにより将来のキャッシュ・フローが固定されるものに限られます。すなわち，外貨建金銭債権債務や外貨建満期保有目的債券については，満期，償還時に受け取るまたは

図表 4 - 3 - 3	振当処理が認められる通貨スワップ
通貨スワップの類型	**振当処理可能な契約内容**
直先フラット型	通貨スワップ契約時における支払円貨額または受取円貨額と通貨スワップ契約満了時における受取円貨額または支払円貨額が同額かつ元本部分と金利部分に適用されるスワップ・レートが合理的なレートである
為替予約型	通貨スワップ契約により当該契約期間満了日に支払うべき円貨額または受け取るべき円貨額が，当該外貨建金銭債権債務の支払日または受取日を期日とする為替予約による円貨額と同等と認められる

　支払う外貨による額面金額に為替予約相場を乗じた円貨額で円貨による受払額が確定するため振当処理が可能となりますが，外貨建満期保有目的債券以外の外貨建有価証券については，それを売却等により資金化する時期は明確でなく，また，時価の変動により受け取る外貨額が変動することから，振当処理を適用することはできません（外貨建実務指針第51項）。

　通貨スワップ取引締結時の直先差額の配分方法としては，**図表 4 - 3 - 4**に掲げる方法が考えられますが，「**利息法**」が最も合理的な方法であるといわれています。これらの配分方法の適用にあたっては，複数の通貨スワップ取引を行っている場合，同じ契約内容のものについては，配分方法を統一する必要があると考えられます。

　直先差額のうち次期以降に配分された額は，貸借対照表上，長期前払費用（固定資産）または長期前受収益（固定負債）として両建てで表示します。ただし，決済日が決算日から 1 年内に到来するものは，前払費用（流動資産）または前受収益（流動負債）として表示します。なお，重要性のないものについては，区分掲記しないことができます（外貨建実務指針第10項）。

　なお，振当処理の対象となった外貨建金銭債権債務が為替予約等の決済日前に回収，返済等により消滅した場合には，振当処理を中止します。そして，次期以降に配分される直先差額は当該外貨建金銭債権債務が消滅した期の損益と

| 図表 4 - 3 - 4 | 直先差額の配分方法 |

方　　法	内　　　容
利息法	通貨スワップの円のキャッシュ・フローのうち，元本相当額（外貨建元本にスワップ契約時の直物為替相場を乗じた金額）の実質期首残高に利回りが一定となるように利息相当額（キャッシュ・フローの総額から元本相当額を控除した残額）を配分する方法 直先フラット型の場合は，キャッシュ・フローを単純に期間配分することになる
為替予約として処理する方法	外貨建長期金銭債権債務にかかる為替予約の処理実務を考慮のうえ，為替予約差額相当額の日割り按分とともに，外貨建原債権債務等の利息に為替予約として振り当てる方法
単純期間配分法	利息相当額の日割り（または月割り）按分という単純期間配分を行う方法

して処理し，期末における通貨スワップは，金融商品会計基準に準拠して処理することになります。

③　商品スワップ

　商品スワップは，契約当事者が取引の対象として定めた商品の取引数量について当該当事者のそれぞれの相手方と取り決めた価格に基づき金銭の支払（キャッシュ・フロー）を交換する取引をいいます。

　商品スワップは，主として原油，非鉄金属などの一次産品を取り扱う企業が利用しています。たとえば，石油会社が原油を安定した価格で購入するために，固定価格を支払い，変動価格を受け取る商品スワップ取引を行うケースを図示すると図表4-3-5のようになります。

　上述の取引例は原油価格の変動リスクを回避するためのものですが，変動利付資産を保有している企業が商品スワップの交換対象を商品指標と変動金利として，変動金利に基づく金額を支払い，商品指標に基づく金額を受け取る取引を行うことにより，資金取引を商品スワップにより実質的に商品投資に変換す

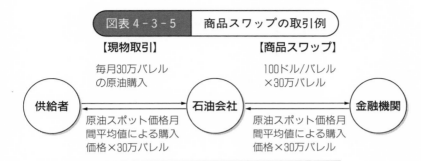

図表 4-3-5　商品スワップの取引例

【現物取引】　　　　　　　　　　　　【商品スワップ】

毎月30万バレル
の原油購入　　　　　　　　　　　100ドル/バレル
　　　　　　　　　　　　　　　　　×30万バレル

供給者　←→　石油会社　←→　金融機関

原油スポット価格月
間平均値による購入　　　　　　　原油スポット価格月
価格×30万バレル　　　　　　　間平均値による購入
　　　　　　　　　　　　　　　　価格×30万バレル

商品スワップ契約内容
　取引数量：30万バレル/月
　変動価格支払：金融機関
　固定価格支払：石油会社
　変動価格：ドバイ原油スポット価格の月間平均値
　固定価格：100ドル/バレル
　変動支払額：30万バレル×変動価格
　固定支払額：30万バレル×20ドル/バレル
　取引期間：×年×月×日から×年×月×日
　決済方法：固定支払額と変動支払額の差額を毎月決済

るといった取引も考えられます。

④　エクイティ・スワップ

　エクイティ・スワップは，契約当事者が想定元本に基づき株価指数の変動率
等，株式に関連したキャッシュ・フローと変動金利の支払い（キャッシュ・フ
ロー）等を定期的に交換する取引をいいます。株価指数の変動率と変動金利の
交換が基本となりますが，相対取引であるため株価指数の変動率と固定金利の
交換や異なる株価指数の変動率の交換を行うことも考えられます。いずれにし
ても，エクイティ・スワップは，交換するキャッシュ・フローのどちらか一方
が株式に関連したものとなります。

　エクイティ・スワップを含む有価証券店頭デリバティブは，過去においては
旧証券取引法により市場外取引が禁じられ，また，刑法において規定する賭博

| 図表 4 - 3 - 6 | エクイティ・スワップの取引例 |

エクイティ・スワップ契約の内容
    想定元本：10億円
    株価変動率の金額の支払い：投資家
    金利相当の支払い：金融機関
    株価変動率の金額の支払額：想定元本×$(N_t-N_{t-1})/N_{t-1}$
        N_t　：t期の期末の日経平均株価
        N_{t-1}：t−1期の最終日の日経平均株価で，t期の株価変動率の計算基準となる
    金利相当額：想定元本×3ヵ月TORF（実日数/360日）
    取引期間：×年×月×日から×年×月×日
    決済方法：3ヵ月ごとの月末

行為に該当する可能性があることから，わが国において取引を行う場合には制約がありましたが，1998年12月より解禁された経緯があります。

　エクイティ・スワップの取引例を図示すると**図表4-3-6**のようになります。

　エクイティ・スワップは，変動利付資産を保有している企業が，エクイティ・スワップの交換対象を株価変動率と変動金利として，変動金利を支払い，株価変動率を受け取る取引を行うことにより，資金取引をエクイティ・スワップにより実質的に株式投資に変換するといった取引も考えられます。

⑤　トータル・リターン・スワップ

　トータル・リターン・スワップとは，特定の参照資産に関するキャッシュ・フローと定期的な金利相当のキャッシュ・フローを交換する取引をいいます。たとえば，特定の上場株式を保有する投資家が，当該株式を参照資産とするトータル・リターン・スワップ契約を締結することにより，当該株式の値上がり益

や配当相当のキャッシュ・フローを相手方に支払い，相手方からは定期的な金利相当のキャッシュ・フロー（株式が値下がりした場合の補填を含む）を受け取るような取引が考えられます。当該取引によって，結果的に，保有する株式のリスクとリターンを取引の相手先に移転させ，定期的な金利相当の支払いを受けることにより，実質的に保有する株式を定期的な利払いの発生する預金等の資産に入れ替えるのと同様の効果を得ることとなります。

　参照資産は株式や債券に関するものが一般的で，参照資産に関するリスクとリターンを他に移転させる側では，契約で定められた期間の参照資産の価格変動によるリターン相当の支払い（値上がりであれば評価益相当の支払い，逆に値下がりの場合は評価損相当の受取り）と当該期間の配当や利息等のすべてのリターンを支払うことになります。一方で，相手方からは，契約に基づく元本に相当する一定の利息相当額（変動金利の場合と固定金利の場合の両方があります）の支払いを受けることになるため，株式や債券に対する投資を，当該投資に対する所有権を変えることなく，預金等の保有に交換したのと同じ効果があります。株式等への投資の価格変動リスクを回避したいが，議決権を手放したくないなど，何らかの事情で投資の売却ができない場合に利用することで，実際の投資の売却を行うことなく投資の経済的リスクを回避できるようになります。一方で，参照資産に関するリスクとリターンの移転を受ける側では，実際に現物資産への投資を行うことなく，こうした資産への投資を行ったのと同じ経済効果を得ることができるため，外国投資家に対する規制等で直接株式等の保有ができない国への投資として利用したり，現物資産へのポジションを持たずに運用益の獲得を目指したい投資家などが利用することが考えられます。具体的な取引例は**図表4-3-7**と**図表4-3-8**を参照ください。

図表 4-3-7	株式を参照資産としたトータル・リターン・スワップの例

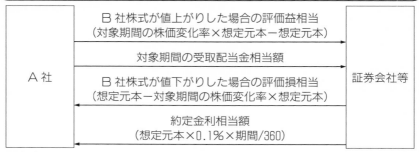

<条件>

- 想定元本：1億円（取引開始時の株価×株数）
- 参照資産：B社株式
- A社が受け取る金利：0.1%固定

図表 4-3-8	債券を参照資産としたトータル・リターン・スワップの例

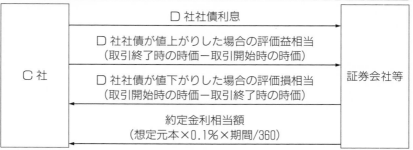

<条件>

- 想定元本：1億円（D社社債の取引開始時の時価）
- 参照資産：D社社債
- C社が受け取る金利：0.1%固定

⑷　設例による仕訳例

| 設例1 | トレーディング目的の金利スワップ |

【前提条件】

１．金利スワップ取引条件等

想定元本	5億円
契約日	X1年6月29日
期間	X1年7月1日からX3年6月30日（期間2年）
固定金利支払い	A社
変動金利支払い	X銀行
固定金利	年2.19%（365日ベース，後払い）
変動金利	6ヵ月TORF＋0.2%（実日数/360日ベース，後払い）
	金利決定日：6月29日（金利計算期間7月1日から12月31日，12月31日支払い）
	金利決定日：12月30日（金利計算期間1月1日から6月30日，6月30日支払い）

契約期間における 6ヵ月TORF	X1年6月29日　1.60%　X2年6月29日　2.14% X1年12月30日　1.96%　X2年12月30日　2.32%
金利スワップの時価	X2年3月31日　7,125千円 X3年3月31日　13,750千円

２．決算日　3月31日

【仕訳例】　（単位：千円）

① 金利スワップ契約日（X1年6月29日）

> 仕訳なし

　金利スワップ契約を締結したことにより取引を認識することになりますが，契約時点においては交換される将来キャッシュ・フローの現在価値は等価値であり，正味の債権債務としての時価はゼロであることから仕訳は起こりません。

② 金利スワップ利息決済日（X1年12月31日）

（借） 金利スワップ 運 用 損 益	920	（貸） 現 金 預 金	920

$500,000 \times 2.19\% \times 184/365(=5,520) - 500,000 \times (1.60+0.2)\% \times 184/360(=4,600) = 920$

③ 決算日（X2年3月31日）

金利スワップの時価評価

（借） 金利スワップ	7,125	（貸） 金利スワップ 運 用 損 益	7,125

　トレーディング目的で取引を行っている場合には，期中の交換キャッシュ・フローおよび評価損益の合計を純額で損益計算書に表示することになります。

④ 期首（X2年4月1日）

金利スワップの時価評価差額の戻入れ

（借） 金利スワップ 運 用 損 益	7,125	（貸） 金利スワップ	7,125

⑤ 金利スワップ利息決済日（X2年12月31日）

前記②と同様の処理を行います。

⑥ 決算日（X3年3月31日）

金利スワップの時価評価

（借） 金利スワップ	13,750	（貸） 金利スワップ 運 用 損 益	13,750

⑦　期首（X3年 4 月 1 日）

　　金利スワップの時価評価差額の戻入れ

（借）	金 利 ス ワ ッ プ 運 用 損 益	13,750	（貸）	金 利 ス ワ ッ プ	13,750

⑧　金利スワップ利息決済日（X3年12月31日）

　　前記②と同様の処理を行います。

設例 2　　金利スワップにより相場変動を相殺するヘッジ

【前提条件】

1．ヘッジ方針

　　保有する S 社社債は余資運用のために取得したものであったが，今後の資金計画により X3年 6 月末に売却する予定である。しかし，金利の上昇により債券価格が下落する可能性があるため，金利スワップにより価格変動を相殺するためのヘッジを行うこととした。なお，ヘッジの処理は「繰延ヘッジ」によることとした。

2．保有債券の内容等

　　　　保有債券　　　S 社社債

　　　　保有金額　　　10億円（S 社社債の発行（額面）と同時に取得）

　　　　期　　間　　　X0年 7 月 1 日から X5年 6 月30日

　　　　年　　利　　　年2.0%（365日ベース，後払い）

　　　　利 受 日　　　毎年 6 月30日

　　　　そ の 他　　　保有目的区分は「その他有価証券」

　　　　　　　　　　　債券の時価

　　　　　　　　　　　　ヘッジ開始時点（X1年 6 月29日）　　　995,000千円

　　　　　　　　　　　　X2年 3 月31日　　　　　　　　　　　　980,000千円

　　　　　　　　　　　　X3年 3 月31日　　　　　　　　　　　　970,000千円

　　　　　　　　　　　　ヘッジ終了時点（X3年 6 月30日売却）　965,000千円

3．金利スワップ取引条件等

　　　　想定元本　　　　　10億円

　　　　契 約 日　　　　　X1年 6 月29日

期　　間	X1年7月1日からX5年6月30日（期間4年）
固定金利支払	Ａ社
変動金利支払	Ｘ銀行
固定金利	年2.19％（365日ベース，後払い）
変動金利	6ヵ月ＴＯＲＦ＋0.2％（実日数/360日ベース，後払い）
	金利決定日：6月29日（金利計算期間7月1日から12月31日，12月31日支払い）
	金利決定日：12月30日（金利計算期間1月1日から6月30日，6月30日支払い）

契約期間における	X1年6月29日　1.60％　X2年6月29日　2.14％
6ヵ月ＴＯＲＦ	X1年12月30日　1.96％　X2年12月30日　2.32％

金利スワップの時価	ヘッジ開始時点（X1年6月29日）　　　　0千円
	X2年3月31日　　　　　　　　　　14,250千円
	X3年3月31日　　　　　　　　　　27,500千円
	ヘッジ終了時点（X3年6月30日解約）31,500千円

4．決算日　3月31日

5．実効税率は30％

6．繰延税金資産はすべて回収可能

【仕訳例】　（単位：千円）

① 金利スワップ取引契約日（X1年6月29日）

> 仕訳なし

　金利スワップ契約を締結したことにより取引を認識することになりますが，契約時点においては交換される将来キャッシュ・フローの現在価値は等価値であり，正味の債権債務としての時価はゼロであることから仕訳は起こりません。

② 金利スワップ利息決済日（X1年12月31日）

> （借）金利スワップ損益　　1,840　　（貸）現　金　預　金　　1,840

$1,000,000 \times 2.19\% \times 184/365 (=11,040) - 1,000,000 \times (1.60+0.2)\% \times 184/360 (=9,200) = 1,840$

| （借） | 繰延ヘッジ損益
（純　資　産） | 1,840 | （貸） | 金利スワップ損益 | 1,840 |

　　金利スワップ利息の受払額は，ヘッジ対象にかかる損益が認識されるまで純資産の部において繰り延べます。

③　決算日（X2年 3 月31日）

a．有価証券未収利息の認識

| （借） | 未　収　収　益 | 15,013 | （貸） | 有価証券利息 | 15,013 |

$1,000,000 \times 2.0\% \times 274/365 = 15,013$

b．その他有価証券の時価評価

| （借） | 繰延税金資産(*2) | 6,000 | （貸） | その他有価証券(*1) | 20,000 |
| | その他有価証券
評価差額金(*3)
（純　資　産） | 14,000 | | | |

　＊1　$1,000,000 - 980,000 = 20,000$
　＊2　$20,000 \times 30\% = 6,000$
　＊3　$20,000 - 6,000 = 14,000$

c．金利スワップの時価評価

| （借） | 金利スワップ | 14,250 | （貸） | 繰延ヘッジ損益
（純　資　産） | 14,250 |

　　ヘッジ開始時点から決算日までの当該債券の時価の変動額は15,000（下落），金利スワップの評価差額（評価差益）は14,250であり，ヘッジ有効性比率は95％（＝14,250/15,000）となるため，高い有効性があると認められました。

d．繰延ヘッジ損益の損益計上

| （借） | 有価証券利息 | 1,840 | （貸） | 繰延ヘッジ損益
（純　資　産） | 1,840 |

$1,000,000 \times 2.19\% \times 274/365 (=16,440) - (1,000,000 \times (1.60+0.2)\% \times 184/360 (=9,200) + 1,000,000 \times (1.96+0.2)\% \times 90/360 (=5,400)) = 1,840$

　　ヘッジ対象の損益認識時に繰延ヘッジ損益を損益に計上するにあたり，繰延ヘッジにおいては，原則としてヘッジ対象の損益区分と同一区分で表示します。

　ｅ．繰延ヘッジ損益への税効果会計の適用

（借）	繰延ヘッジ損益 （純　資　産）	4,275	（貸）	繰延税金負債	4,275

$(-1,840(借方計上額) + 14,250(貸方計上額) - (-1,840)(費用処理額)(=14,250)) \times 30\% = 4,275$

$1,000,000 \times 2.19\% \times 274/365 (=16,440) - (1,000,000 \times (1.60+0.2)\% \times 184/360 (=9,200) + 1,000,000 \times (1.96+0.2)\% \times 90/360 (=5,400)) = 1,840$

　　なお，繰延税金資産と繰延税金負債は相殺して表示します。

④　期首（X2年4月1日）

　ａ．その他有価証券の時価評価差額の戻入れ

（借）	その他有価証券	20,000	（貸）	繰延税金資産	6,000
				その他有価証券 評価差額金 （純　資　産）	14,000

　ｂ．金利スワップの時価評価の戻し処理

（借）	繰延税金負債	4,275	（貸）	金利スワップ	14,250
	繰延ヘッジ損益 （純　資　産）	9,975			

⑤　有価証券利息受取日（X2年6月30日）

　ａ．有価証券利息の受取り

（借）	現　金　預　金	20,000	（貸）	有価証券利息	4,987
				未　収　収　益	15,013

$1,000,000 \times 2.0\% = 20,000$

ｂ．金利スワップ利息の決済および繰延ヘッジ損益の損益計上

> 仕訳なし

X2年1月1日からX2年6月30日までの期間の金利スワップ利息の純額は，$1,000,000 \times 2.19\% \times 181/365 (= 10,860) - 1,000,000 \times (1.96 + 0.2)\% \times 181/360 (= 10,860) = 0$ であるため，金銭の受払いはなく，ヘッジ対象の損益として認識された有価証券利息に対応して損益計上すべき繰延ヘッジ損益もありません。

⑥ 金利スワップ利息決済日（X2年12月31日）

（借） 現 金 預 金	920	（貸） 金利スワップ損益	920

$1,000,000 \times 2.19\% \times 184/365 (= 11,040) - 1,000,000 \times (2.14 + 0.2)\% \times 184/360 (= 11,960) = -920$

（借） 金利スワップ損益	920	（貸） 繰延ヘッジ損益 （純 資 産）	920

認識した金利スワップ損益をヘッジ対象の損益が記録されるまで純資産の部において繰り延べます。

⑦ 決算日（X3年3月31日）

ａ．有価証券未収利息の認識

前記③ａと同様の処理を行います。

ｂ．その他有価証券の時価評価

（借） 繰延税金資産(*2)	9,000	（貸） その他有価証券(*1)	30,000
その他有価証券 評価差額金(*3) （純 資 産）	21,000		

＊1 $1,000,000 - 970,000 = 30,000$

＊2 $30,000 \times 30\% = 9,000$

＊3 $30,000 - 9,000 = 21,000$

ｃ．金利スワップの時価評価

（借）	金利スワップ	27,500	（貸）	繰延ヘッジ損益 （純　資　産）	27,500

　　ヘッジ開始時点から決算日までの当該債券の時価の変動額は25,000（下落），金利スワップの評価差額（評価差益）は27,500であり，ヘッジ有効性比率は110％（＝27,500/25,000）となるため，高い有効性があると認められました。

ｄ．繰延ヘッジ損益の損益計上

（借）	繰延ヘッジ損益 （純　資　産）	1,820	（貸）	有価証券利息	1,820

$1,000,000 \times (2.32+0.2)\% \times 90/360 (=6,300) + 1,000,000 \times (2.14+0.2)\% \times 184/360 (=11,960) - 1,000,000 \times 2.19\% \times 274/365 (=16,440) = 1,820$

ｅ．繰延ヘッジ損益への税効果会計の適用

（借）	繰延ヘッジ損益 （純　資　産）	7,980	（貸）	繰延税金負債	7,980

（920（貸方計上額）＋27,500（貸方計上額）－1,820（収益処理額）（＝26,600））×30％＝7,980

⑧　期首（X3年4月1日）

　　前記④と同様の処理を行います。

⑨　有価証券利息受取日（X3年6月30日）

　ａ．有価証券利息の受取り

　　　前記⑤ａと同様の処理を行います。

　ｂ．金利スワップ利息の決済

（借）	現　金　預　金	1,810	（貸）	金利スワップ損益	1,810

$1,000,000 \times (2.32+0.2)\% \times 181/360 (=12,670) - 1,000,000 \times 2.19\% \times 181/365 (=10,860) = 1,810$

| （借） | 金利スワップ損益 | 1,810 | （貸） | 繰延ヘッジ損益
（純　資　産） | 1,810 |

c．繰延ヘッジ損益の損益計上

| （借） | 繰延ヘッジ損益
（純　資　産） | 1,810 | （貸） | 有 価 証 券 利 息 | 1,810 |

⑩　有価証券売却日（X3年6月30日）

a．有価証券売却の約定

| （借） | 未 収 入 金 | 965,000 | （貸） | その他有価証券 | 1,000,000 |
| | 有価証券売却損 | 35,000 | | | |

b．金利スワップの時価評価

| （借） | 金 利 ス ワ ッ プ | 31,500 | （貸） | 繰延ヘッジ損益
（純　資　産） | 31,500 |

c．繰延ヘッジ損益の損益計上

| （借） | 繰延ヘッジ損益
（純　資　産） | 31,500 | （貸） | 有価証券売却損 | 31,500 |

　　ヘッジ開始時点からヘッジ終了時までの当該債券の時価の変動額は35,000（下落），金利スワップの評価差額（評価差益）は31,500であり，ヘッジ有効性比率は90%（＝31,500/35,000）であり，高い有効性があると認められました。ヘッジ対象である債券の売却に伴い繰延ヘッジ処理を終了し，繰延ヘッジ利益を当期の損益として処理するため，その他有価証券売却損を減額します。

d．金利スワップの解約

| （借） | 現 金 預 金 | 31,500 | （貸） | 金 利 ス ワ ッ プ | 31,500 |

設例3　金利スワップの特例処理

【前提条件】

1．長期借入金条件等

借入総額　　　10億円

期　　間　　　X1年1月1日から X3年12月31日（期間3年）

金　　利　　　6ヵ月 TORF＋0.5％（実日数/360日ベース，後払い）

金利決定日：6月29日（金利計算期間7月1日から12月31日，12月31日支払い）

金利決定日：12月30日（金利計算期間1月1日から6月30日，6月30日支払い）

2．金利スワップ取引条件等

想定元本　　　10億円

契　約　日　　X0年12月30日

期　　間　　　X1年1月1日から X3年12月31日（期間3年）

固定金利支払い　A社

変動金利支払い　X銀行

固定金利　　　年2.92％（365日ベース，後払い）

変動金利　　　6ヵ月 TORF＋0.5％（実日数/360日ベース，後払い）

金利決定日：6月29日（金利計算期間7月1日から12月31日，12月31日支払い）

金利決定日：12月30日（金利計算期間1月1日から6月30日，6月30日支払い）

3．決算日　　3月31日

4．金利スワップ特例処理の適用要件のすべてを満たすと判断されたため，金利スワップの特例処理を適用し，借入金と一体処理を行うこととした。

5．契約期間における6ヵ月 TORF は以下のとおりであったとする。

X0年12月30日：2.38％　　　X2年6月29日：2.74％

X1年6月29日：2.02％　　　X2年12月30日：2.92％

X1年12月30日：2.56％　　　X3年6月29日：2.56％

【仕訳例】 （単位：千円）

① 借入実行日（X1年1月1日）

（借）現 金 預 金 1,000,000	（貸）長 期 借 入 金 1,000,000

② 金利スワップ取引契約日（X0年12月30日）

仕訳なし

　金利スワップ契約を締結したことにより取引を認識することになりますが，契約時点においては交換される将来キャッシュ・フローの現在価値は等価値であり，正味の債権債務としての時価はゼロであることから仕訳は起こりません。

③ 決算日（X1年3月31日）

　a．借入金利息の未払計上

（借）支 払 利 息 　　7,200	（貸）未 払 費 用 　　7,200

$1,000,000 \times (2.38 + 0.5)\% \times 90/360 = 7,200$

　b．金利スワップ利息の未収・未払計上

仕訳なし

$1,000,000 \times (2.38 + 0.5)\% \times 90/360 (= 7,200) - 1,000,000 \times 2.92\% \times 90/365 (= 7,200) = 0$

④ 借入金利息支払日（X1年6月30日）

　a．借入金利息の支払い

（借）支 払 利 息 　　7,280	（貸）現 金 預 金 　14,480
未 払 費 用 　　7,200	

$1,000,000 \times (2.38 + 0.5)\% \times 181/360 = 14,480$

140

ｂ．金利スワップ利息の決済（X1年 6 月30日）

> 仕訳なし

$1,000,000 \times 2.92\% \times 181/365 (=14,480) - 1,000,000 \times (2.38+0.5)\% \times 181/360 (=14,480) = 0$

⑤　借入金利息支払日（X1年12月31日）

　ａ．借入金利息の支払い

（借）支　払　利　息	12,880	（貸）現　金　預　金	12,880

$1,000,000 \times (2.02+0.5)\% \times 184/360 = 12,880$

　ｂ．金利スワップ利息の決済（X1年 6 月30日）

（借）支　払　利　息	1,840	（貸）現　金　預　金	1,840

$1,000,000 \times 2.92\% \times 184/365 (=14,720) - 1,000,000 \times (2.02+0.5)\% \times 184/360 (=12,880) = 1,840$

　　金利スワップによる金銭の受払いの純額を借入金利息に加減して処理します。

⑥　決算日（X2年 3 月31日）

　ａ．借入金利息の未払計上

（借）支　払　利　息	7,650	（貸）未　払　費　用	7,650

$1,000,000 \times (2.56+0.5)\% \times 90/360 = 7,650$

　ｂ．金利スワップ利息の未収計上

（借）未　収　収　益	450	（貸）支　払　利　息	450

$1,000,000 \times (2.56+0.5)\% \times 90/360 (=7,650) - 1,000,000 \times 2.92\% \times 90/365 (=7,200) = 450$

⑦　借入金利息支払日（X2年 6 月30日および X2年12月31日）

　　前記⑤と同様の処理を行います。

⑧　決算日（X3年3月31日）

　借入金利息の未払計上，金利スワップ利息の未収計上は前記⑥と同様の処理を行います。

　1年内返済予定長期借入金の流動負債への振替え

（借）　長 期 借 入 金　1,000,000	（貸）　1年内返済予定 長 期 借 入 金　1,000,000

　償還期限は X3年12月31日であり，決算日から1年以内に償還される予定のため固定負債から流動負債へ振り替えます。

⑨　借入金利息支払日（X3年6月30日および X3年12月31日）

　前記⑤と同様の処理を行います。

⑩　長期借入金返済日（X3年12月31日）

（借）　1年内返済予定 長 期 借 入 金　1,000,000	（貸）　現 金 預 金　1,000,000

設例4　　通貨スワップの振当処理（為替予約型）

【前提条件】

1．ドル建社債発行条件等

発行総額	10百万 US ドル
発行価額	額面に対して100％
期　　間	発行日 X0年4月1日
	償還日 X5年3月31日（期間5年）
利　　率	年5.0％
利 払 日	毎年3月31日
社債発行費用	250千 US ドル
社債発行日の為替相場	US$1＝130円

2．通貨スワップの取引条件等

交換元本	10百万 US ドル/1,300百万円
期　　間	X0年4月1日～X5年3月31日（期間5年）

	締結時の為替相場	US$ 1 =130円	
	各利払時のスワップ・レート	X1年3月31日	124円43銭
		X2年3月31日	119円10銭
		X3年3月31日	113円99銭
		X4年3月31日	109円11銭
		X5年3月31日	104円43銭

上記スワップ・レートは長期為替予約の先物相場と同一と認められた。

	円金利支払い	A 社
	利 払 日	毎年3月31日

3．市場における市場金利はドル金利5.0%，円金利0.5%であり，それらをもとにキャッシュ・フローが決められている。

4．決算日　3月31日

5．社債および通貨スワップのキャッシュ・フロー（単位：千ドル，百万円）

	社 債	通貨スワップ			差 引
		受取り	スワップ・レート	支払い	
社債発行時および通貨スワップ開始時	US$10,000 △US$250	¥1,300.00	130.00	US$10,000	¥1,300.00 △¥32.50
X1年3月31日	△US$500	US$500	124.43	¥62.21	△¥62.21
X2年3月31日	△US$500	US$500	119.10	¥59.55	△¥59.55
X3年3月31日	△US$500	US$500	113.99	¥57.00	△¥57.00
X4年3月31日	△US$500	US$500	109.11	¥54.55	△¥54.55
X5年3月31日	△US$500	US$500	104.43	¥52.22	△¥52.22
社債償還および通貨スワップ満期時	△US$10,000	US$10,000	104.43	¥1,044.30	△¥1,044.30

　この設例では，通貨スワップ契約により契約期間満了時に支払うべき円貨額または受け取るべき円貨額が，当該外貨建金銭債権債務の支払日または受取日を期日とする為替予約による円貨額と同等と認められるため，当該外貨建金銭債権債務については，当該通貨スワップ契約に基づく円貨額1,044.30百万円

(10,000千ドル×104.43円/ドル)を付します。通貨スワップを付したことによる為替予約差額等は,「利息法」,「為替予約として処理する方法」,「単純期間配分法」などの合理的な方法により,期間にわたり配分していきます。

(1)　為替予約差額等の配分方法に「利息法」を採用した場合

利息法は,通貨スワップにおける円貨キャッシュ・フローのうち元本相当額(外貨建元本にスワップ契約時の直物為替相場を乗じた金額)の実質期首残高に利回りが一定となるように支払利息相当額(キャッシュ・フローの総額から元本相当額を控除した残額)を配分する方法です。円貨キャッシュ・フローの金額が利息相当額よりも大きい場合,その差額を元本の返済とみなして処理します。当該設例におけるキャッシュ・フローをもとに計算表を作成すると**図表4-3-9**のようになります。

支払利息相当額の計算のための実質元本残高は,契約時の為替相場により換算した円貨額になります。この実質元本(f)に契約に基づく実質金利0.5%を乗

図表4-3-9　利息法による計算表

	ドル建社債キャッシュ・フロー a	スワップ・レート b	キャッシュ・フロー c(=a×b)	支払利息 d(=f×0.5%)	元本返済相当額 e(=c-d)	実質元本残高 f(=f-e)	通貨スワップ未払金残高 g
	千ドル	円/ドル	百万円	百万円	百万円	百万円	百万円
X0年4月1日	10,000	130.00	1,300.00			1,300.00	255.70
X1年3月31日	500	124.43	62.21	6.50	55.71	1,244.29	199.98
X2年3月31日	500	119.10	59.55	6.22	53.33	1,190.96	146.65
X3年3月31日	500	113.99	57.00	5.95	51.05	1,139.92	95.61
X4年3月31日	500	109.11	54.55	5.70	48.85	1,091.06	46.76
X5年3月31日	500	104.43	52.22	5.46	46.76	1,044.30	0.00
元本償還	10,000	104.43	1,044.30			1,044.30	
			1,329.83	29.83	255.70		

じて，各期の支払利息相当額(d)を計算します。そして，契約によるスワップ・レートにより計算されるキャッシュ・フロー(c)から，支払利息相当額(d)を控除した金額(e)を実質元本返済額とみなします。実質元本返済相当額は，通貨スワップを付したことによる受取円貨額1,300百万円と先物相場により換算したドル建社債の円貨額(貸借対照表計上額)1,044.30百万円(10,000千ドル×104.43円/ドル)の差額255.70百万円であり，これを通貨スワップ未払金等の科目で貸借対照表に計上し，毎期元本返済相当額を減額していきます。

【仕訳例】 （単位：百万円，千ドル）

① ドル建社債発行日（X0年4月1日）

（借） 現 金 預 金(*1)	1,267.50	（貸） 社 債(*3)	1,044.30
社債発行費用(*2)	32.50	通貨スワップ未払金(固定)(*4)	199.99
		通貨スワップ未払金(流動)(*4)	55.71

＊1 （発行金額10,000－発行費用250）×発行時レート130円/ドル＝1,267.50

＊2 発行費用250×発行時レート130円/ドル＝32.50

　　　社債発行費用は当該設例では発行した期に一括で費用処理しています。

＊3 発行金額10,000×先物相場104.43円/ドル＝1,044.30

＊4 1,300－1,044.30＝255.70

　　　255.70－55.71＝199.99（1年以内に返済予定の元本相当額を控除した残額を固定負債に計上します）

　　　1年以内に返済予定の元本返済相当額55.71を流動負債に計上します。

② 利払日（X1年3月31日）

　a．利息の支払い

（借） 社 債 利 息(*1)	6.50	（貸） 現 金 預 金(*2)	62.21
通貨スワップ未払金(流動)(*3)	55.71		

ｂ．通貨スワップ未払金の固定負債から流動負債への振替え

（借）	通貨スワップ 未払金（固定）	53.33	（貸）	通貨スワップ 未払金（流動）[*4]	53.33

＊1　期首実質元本1,300×実質利率0.5％＝6.50

＊2　現金支出額500×124.43円/ドル＝62.21

＊3　現金支出額62.21－社債利息6.50＝55.71

＊4　1年以内に返済予定の元本返済相当額を固定負債から流動負債へ振り替え
　　ます。

③　利払日（X2年3月31日）

ａ．利息の支払い

（借）	社 債 利 息[*1]	6.22	（貸）	現 金 預 金[*2]	59.55
	通貨スワップ 未払金（流動）[*3]	53.33			

ｂ．通貨スワップ未払金の固定負債から流動負債への振替え

（借）	通貨スワップ 未払金（固定）	51.05	（貸）	通貨スワップ 未払金（流動）[*4]	51.05

＊1　期首実質元本1,244.29×実質利率0.5％＝6.22

＊2　現金支出額500×119.10円/ドル＝59.55

＊3　現金支出額59.55－社債利息6.22＝53.33

＊4　1年以内に返済予定の元本返済相当額を固定負債から流動負債へ振り替え
　　ます。

④　利払日（X3年3月31日）

ａ．利息の支払い

（借）	社 債 利 息[*1]	5.95	（貸）	現 金 預 金[*2]	57.00
	通貨スワップ 未払金（流動）[*3]	51.05			

ｂ．通貨スワップ未払金の固定負債から流動負債への振替え

（借）	通 貨 ス ワ ッ プ 未 払 金（固 定）	48.85	（貸）	通 貨 ス ワ ッ プ 未 払 金（流動）(*4)	48.85

＊1　期首実質元本1,190.96×実質利率0.5％＝5.95

＊2　現金支出額500×113.99円/ドル＝57.00

＊3　現金支出額57.00－社債利息5.95＝51.05

＊4　1年以内に返済予定の元本返済相当額を固定負債から流動負債へ振り替え
　　　ます。

⑤　利払日（X4年3月31日）

ａ．利息の支払い

（借）	社 債 利 息(*1)	5.70	（貸）	現 金 預 金(*2)	54.55
	通 貨 ス ワ ッ プ 未 払 金（流動）(*3)	48.85			

ｂ．通貨スワップ未払金の固定負債から流動負債への振替え

（借）	通 貨 ス ワ ッ プ 未 払 金（固 定）	46.76	（貸）	通 貨 ス ワ ッ プ 未 払 金（流動）(*4)	46.76

＊1　期首実質元本1,139.92×実質利率0.5％＝5.70

＊2　現金支出額500×109.11円/ドル＝54.55

＊3　現金支出額54.55－社債利息5.70＝48.85

＊4　1年以内に返済予定の元本返済相当額を固定負債から流動負債へ振り替え
　　　ます。

ｃ．社債の流動項目への振替え

（借）	社 　 　 　 債	1,044.30	（貸）	1 年 内 償 還 予 定 社 債	1,044.30

1年以内に償還予定の社債を固定負債から流動負債に振り替えます。

⑥ ドル建社債償還日（X5年3月31日）

a．利息の支払い

（借）社 債 利 息(*1)	5.46	（貸）現 金 預 金(*2)	52.22
通貨スワップ 未払金(流動)(*3)	46.76		

＊1 期首実質元本1,091.06×実質利率0.5％＝5.46
＊2 現金支出額500×104.43円/ドル＝52.22
＊3 現金支出額52.22－社債利息5.46＝46.76

b．社債の償還

（借）1 年 内 償 還 予 定 社 債	1,044.30	（貸）現 金 預 金	1,044.30

(2) **為替予約差額等の配分方法に「為替予約として処理する方法」を採用した場合**

　為替予約として処理する方法は，契約当初の外貨建金銭債権債務元本と交換に受け取った（または支払った）円貨額と外貨建金銭債権債務について通貨スワップ契約により付した円貨額の差額を長期前受収益（または長期前払費用）として処理し，契約期間にわたって配分し，外貨建債権債務の利払いに通貨スワップ契約による為替予約が付されているものとして処理します。当該設例におけるキャッシュ・フローをもとに計算表を作成すると**図表4-3-10**のようになります。

　契約によるスワップ・レートにより計算されるキャッシュ・フロー(c)から，通貨スワップによる交換によって受け取った1,300百万円と当該外貨建社債について通貨スワップ契約により付した円貨額1,044.30百万円（10,000千ドル×104.43円/ドル）の差額255.70百万円(d)を長期前受収益として処理し，期間にわたって配分し，各期への配分額を支払利息の調整として処理します。

| 図表 4 - 3 -10 | 為替予約として処理する方法による計算表 |

	ドル建社債 キャッシュ ・フロー a	スワップ ・レート b	キャッシュ・フロー （総支払利息） c（=a×b）	為替予約 差額配分 d（=255.70/5）	差 引 純支払利息 e（=c-d）
	千ドル	円/ドル	百万円	百万円	百万円
X0年 4 月 1 日	10,000.00	130.00	1,300.00		
X1年 3 月31日	500	124.43	62.21	51.14	11.07
X2年 3 月31日	500	119.10	59.55	51.14	8.41
X3年 3 月31日	500	113.99	57.00	51.14	5.86
X4年 3 月31日	500	109.11	54.55	51.14	3.41
X5年 3 月31日	500	104.43	52.22	51.14	1.08
元本償還	10,000.00	104.43	1,044.30		
			1,329.83	255.70	29.83

【仕訳例】 （単位：百万円，千ドル）

① ドル建社債発行日（X0年 4 月 1 日）

| （借）現 金 預 金(*1) | 1,267.50 | （貸）社 債(*3) | 1,044.30 |
| 社債発行費用(*2) | 32.50 | 長 期 前 受 収 益 | 255.70 |

＊1 （発行金額10,000－発行費用250）×発行時レート130円/ドル＝1,267.50

＊2 発行費用250×発行時レート130円/ドル＝32.50

　　社債発行費用は当該設例では発行した期に一括で費用処理しています。

＊3 発行金額10,000×先物相場104.43円/ドル＝1,044.30

② 利払日（X1年 3 月31日）

| （借）社 債 利 息(*1) | 62.21 | （貸）現 金 預 金 | 62.21 |
| （借）長 期 前 受 収 益 | 51.14 | （貸）社 債 利 息(*2) | 51.14 |

＊1　現金支出額500×124.43円/ドル＝62.21

＊2　255.70/5＝51.14　為替予約差額の当期配分額を社債利息から控除します。

③　利払日（X2年3月31日）

| （借）社 債 利 息(＊1) | 59.55 | （貸）現 金 預 金 | 59.55 |
| （借）長 期 前 受 収 益 | 51.14 | （貸）社 債 利 息(＊2) | 51.14 |

＊1　現金支出額500×119.10円/ドル＝59.55

＊2　255.70/5＝51.14　為替予約差額の当期配分額を社債利息から控除します。

④　利払日（X3年3月31日）

| （借）社 債 利 息(＊1) | 57.00 | （貸）現 金 預 金 | 57.00 |
| （借）長 期 前 受 収 益 | 51.14 | （貸）社 債 利 息(＊2) | 51.14 |

＊1　現金支出額500×113.99円/ドル＝57.00

＊2　255.70/5＝51.14　為替予約差額の当期配分額を社債利息から控除します。

⑤　利払日（X4年3月31日）

a．利息の支払い

（借）社 債 利 息(＊1)	54.55	（貸）現 金 預 金	54.55
（借）長 期 前 受 収 益	51.14	（貸）社 債 利 息(＊2)	51.14
（借）長 期 前 受 収 益	51.14	（貸）前 受 収 益(＊3)	51.14

＊1　現金支出額500×109.11円/ドル＝54.55

＊2　255.70/5＝51.14　為替予約差額の当期配分額を社債利息から控除します。

＊3　決済日が1年内に到来するため，前受収益として流動負債に振り替えます。

b．社債の流動項目への振替え

| （借）社　　　　　債 | 1,044.30 | （貸）1 年 内 償 還
予 定 社 債 | 1,044.30 |

1年以内に償還予定の社債を固定負債から流動負債に振り替えます。

150

⑥　ドル建社債償還日（X5年3月31日）

　a．利息の支払い

| （借）　社　債　利　息(*1) | 52.22 | （貸）　現　金　預　金 | 52.22 |
| （借）　前　受　収　益 | 51.14 | （貸）　社　債　利　息(*2) | 51.14 |

　＊1　現金支出額500×104.43円/ドル＝52.22
　＊2　255.70/5＝51.14　為替予約差額の当期配分額を社債利息から控除します。

　b．社債の償還

| （借）　1　年　内　償　還
　　　　予　定　社　債 | 1,044.30 | （貸）　現　金　預　金 | 1,044.30 |

⑶　**為替予約差額等の配分方法に「単純期間配分法」を採用した場合**

　単純期間配分法は，契約当初の外貨建金銭債権債務元本と交換に受け取った（または支払った）円貨額と外貨建金銭債権債務について通貨スワップ契約により付した円貨額の差額を長期前受収益（または長期前払費用）として処理し，契約期間にわたって配分します。また，通貨スワップ契約により支払う（または受け取る）円貨キャッシュ・フローの総額と元本相当額を差し引いた利息相当の総額を契約期間にわたり単純配分します。当該設例におけるキャッシュ・フローをもとに計算表を作成すると**図表4-3-11**のようになります。

　通貨スワップによる交換で受け取った1,300百万円と当該外貨建社債について通貨スワップ契約により付した円貨額1,044.30百万円（10,000千ドル×104.43円/ドル）の差額255.70百万円(d)を長期前受収益として処理し，期間配分します。また，通貨スワップ契約により計算される元利キャッシュ・フロー総額1,329.83百万円から元本相当額1,044.30百万円を控除した利息相当総額285.53百万円を単純期間配分します。各期に配分される利息相当額(e)から為替予約相当配分額(d)を支払利息の調整として処理します。そして，通貨スワップ契約によるキャッシュ・フロー(c)と各期に配分される純支払利息相当額(e)の差額を，

| 図表 4 - 3 -11 | 単純期間配分法による計算表 |

	ドル建社債 キャッシュ ・フロー a	スワップ ・レート b	キャッシュ ・フロー c(=a×b)	為替予約 差額配分 d(=255.70/5)	支払利息 相当額 e(=285.53)	差引 純支払利息 f(=e-d)	資産計上額 g(=c-e)
	千ドル	円/ドル	百万円				
X0年4月1日	10,000.00	130.00	1,300.00				
X1年3月31日	500	124.43	62.21	51.14	57.10	5.96	5.11
X2年3月31日	500	119.10	59.55	51.14	57.10	5.96	2.45
X3年3月31日	500	113.99	57.00	51.14	57.10	5.96	-0.10
X4年3月31日	500	109.11	54.55	51.14	57.10	5.96	-2.55
X5年3月31日	500	104.43	52.22	51.14	57.13	5.99	-4.91
元本償還	10,000.00	104.43	1,044.30				
			1,329.83	255.70	285.53	29.83	

注1. 為替予約差額相当額　　　長期為替予約元本相当額　　　1,044.30
　　　　　　　　　　　　　　当初交換元本相当額　　　　　1,300.00
　　　　　　　　　　　　　　為替予約差額相当額（差益）　　255.70

　　2. 利息相当額合計　　　　　元利合計金額　　　　　　　　1,329.83
　　　　　　　　　　　　　　　長期為替予約元本相当額　　　1,044.30
　　　　　　　　　　　　　　　利息相当額合計　　　　　　　　285.53

通貨スワップ預託金等の科目で処理します。

【仕訳例】（単位：百万円，千ドル）

① ドル建社債発行日（X0年4月1日）

（借）現 金 預 金(*1)	1,267.50	（貸）社　　　　　債(*3)	1,044.30
社債発行費用(*2)	32.50	長期前受収益	255.70

＊1 （発行金額10,000－発行費用250）×発行時レート130円/ドル＝1,267.50

＊2　発行費用250×発行時レート130円/ドル＝32.50

　　　社債発行費用は当該設例では発行した期に一括で費用処理しています。

＊3　発行金額10,000×先物相場104.43円/ドル＝1,044.30

② 利払日（X1年3月31日）

　a．利息の支払い

| （借） 社 債 利 息(*1) | 57.10 | （貸） 現 金 預 金(*2) | 62.21 |
| 通貨スワップ 預 託 金(*3) | 5.11 | | |

　b．利息相当額の期間配分

| （借） 長 期 前 受 収 益 | 51.14 | （貸） 社 債 利 息(*4) | 51.14 |

＊1　285.53/ 5 ＝57.10

　　　利息相当額の当期配分額を社債利息として処理します。

＊2　現金支出額500×124.43円/ドル＝62.21

＊3　62.21－57.10＝5.11

　　　現金支出額と社債利息（利息相当額の当期配分額）の差額を通貨スワップ預
　　　託金として処理します。

＊4　255.70/ 5 ＝51.14

　　　為替予約差額の当期配分額を社債利息から控除します。

③ 利払日（X2年3月31日）

　a．利息の支払い

| （借） 社 債 利 息(*1) | 57.10 | （貸） 現 金 預 金(*2) | 59.55 |
| 通貨スワップ 預 託 金(*3) | 2.45 | | |

　b．利息相当額の期間配分

| （借） 長 期 前 受 収 益 | 51.14 | （貸） 社 債 利 息(*4) | 51.14 |

＊1　285.53/ 5 ＝57.10

　　　利息相当額の当期配分額を社債利息として処理します。

　＊2　現金支出額500×119.10円/ドル＝59.55

　＊3　59.55－57.10＝2.45

　　　現金支出額と社債利息（利息相当額の当期配分額）の差額を通貨スワップ預
　　託金として処理します。

　＊4　255.70/5＝51.14

　　　為替予約差額の当期配分額を社債利息から控除します。

④　利払日（X3年3月31日）

　a．利息の支払い

（借）　社 債 利 息(＊1)	57.10	（貸）　現 金 預 金(＊2)	57.00
		通 貨 ス ワ ッ プ 預　託　金(＊3)	0.10

　b．利息相当額の期間配分

（借）　長 期 前 受 収 益	51.14	（貸）　社 債 利 息(＊4)	51.14

　＊1　285.53/5＝57.10

　　　利息相当額の当期配分額を社債利息として処理します。

　＊2　現金支出額500×113.99円/ドル＝57.00

　＊3　57.00－57.10＝－0.10

　　　現金支出額と社債利息（利息相当額の当期配分額）の差額を通貨スワップ預
　　託金として処理します。

　＊4　255.70/5＝51.14

　　　為替予約差額の当期配分額を社債利息から控除します。

⑤　利払日（X4年3月31日）

　a．利息の支払い

（借）　社 債 利 息(＊1)	57.10	（貸）　現 金 預 金(＊2)	54.55
		通 貨 ス ワ ッ プ 預　託　金(＊3)	2.55

ｂ．利息相当額の期間配分

（借）　長 期 前 受 収 益	51.14	（貸）　社 債 利 息(*4)	51.14

ｃ．長期前受収益の流動負債への振替え

（借）　長 期 前 受 収 益	51.14	（貸）　前 受 収 益(*5)	51.14

* 1　285.53/ 5 ＝57.10

　　利息相当額の当期配分額を社債利息として処理します。

* 2　現金支出額500×109.11円/ドル＝54.55

* 3　54.55－57.10＝△2.55

　　現金支出額と社債利息（利息相当額の当期配分額）の差額を通貨スワップ預託金の取崩しとして処理します。

* 4　255.70/ 5 ＝51.14

　　為替予約差額の当期配分額を社債利息から控除します。

* 5　決済日が１年内に到来するため，前受収益として流動負債に振り替えます。

ｄ．社債の流動項目への振替え

（借）　社　　　　　債	1,044.30	（貸）　１ 年 内 償 還 　　　　予 定 社 債	1,044.30

　１年以内に償還予定の社債を固定負債から流動負債に振り替えます。

⑥　利払日（X5年３月31日）

ａ．利息の支払い

（借）　社 債 利 息(*1)	57.13	（貸）　現 金 預 金(*2)	52.22
		通 貨 ス ワ ッ プ 　　　　預　託　金(*3)	4.91

ｂ．利息相当額の期間配分

（借）　前 受 収 益	51.14	（貸）　社 債 利 息(*4)	51.14

＊1　285.53/ 5 ＝57.13
　　利息相当額の当期配分額を社債利息として処理します。

＊2　現金支出額500×104.43円/ドル＝52.22

＊3　52.22－57.13＝△4.91
　　現金支出額と社債利息（利息相当額の当期配分額）の差額を通貨スワップ預託金の取崩しとして処理します。

＊4　255.70/ 5 ＝51.14
　　為替予約差額の当期配分額を社債利息から控除します。

⑦　ドル建社債償還日（X5年 3 月31日）

（借）　１年内償還 予定社債	1,044.30	（貸）　現金預金	1,044.30

4 ──オプション取引

⑴　オプション取引とは

オプション取引とは，以下のような取引です（**図表 4 - 4 - 1**）。

①　当事者の一方の意思表示により当事者間において一定の条件（価格等）による特定の通貨，有価証券，現物商品等の売買，先物取引，スワップ取引およびこれに準ずる取引を将来の一定の時期に成立させることができる権利を相手方が当事者の一方に付与し，当事者の一方がこれに対して対価を支払うことを約する取引

②　当事者の一方の意思表示により当事者間において特定の金利，有価証券価格，現物商品価格，外国為替相場，各種の価格・率の指数，信用格付け・信用指数，または類似する変数として定める数値と将来の一定の時期における現実の当該数値の差に基づいて算出される金銭の授受を行う権利を相手方が当事者の一方に付与し，当事者の一方がこれに対して対価を支払うことを約する取引

| 図表 4 - 4 - 1 | オプション取引 |

	買い手	売り手
締結日	オプション料相当額の金融資産の発生を認識する。	オプション料相当額の金融負債の発生を認識する。
オプション料受渡日	売り手にオプション料を支払う。	買い手からオプション料を受け取る。
基礎商品の相場が買い手に有利な方向に変動した場合	権利行使し，当初の約定条件で取引を行う。	権利行使を受けて，当初の約定条件で取引を行う。
基礎商品の相場が買い手に不利な方向に変動した場合	権利を放棄する。	当初の約定条件で取引を行う潜在的な義務が消滅する。
権利行使または権利消滅時	オプション取引にかかる金融資産の消滅を認識する。	オプション取引にかかる金融負債の消滅を認識する。
収　益	不確定	オプション料のみ
費用・損失	オプション料のみ	不確定

　①における通貨，有価証券，現物商品等の売買，先物取引，スワップ取引およびこれに準ずる取引と，②における数値をひっくるめて「商品」と考えれば，オプション取引とは，

- 特定の商品を
- 将来の一定の時期に
- 現時点で取り決めた条件で
- 「買う」または「売る」

権利を売買する契約ということができます。

　①のオプション取引としては，通貨オプション取引，債券店頭オプション取引，債券先物オプション取引，金利先物オプション取引，株式（個別株）オプション取引，商品先物オプション取引，金利キャップ・フロアーおよびスワップション取引，②のオプション取引としては，株価指数オプション取引が代表的です。

　オプション取引は，権利の売買取引であり，その対象となる商品の売買，先物取引，スワップ取引または変数として定める数値がオプション取引の基礎商品です。基礎商品がデリバティブ取引である場合には，さらにその基礎商品があるということになります。買い手は基礎商品を購入する権利の対価として，売り手にオプション料（オプション・プレミアムともいいます）を支払います。一方，売り手は買い手が権利を行使した場合には，契約条件で取引する義務を負います。買い手が権利行使期日または権利行使期間内に権利行使を行わなかった場合には，オプション取引にかかる契約は自動的に消滅します。

　買い手は，権利を行使する場合も行使しない場合も費用・損失はオプション料に限定されており，オプションの基礎商品の時価の変動によっては大きな利益を得る可能性もあります。これに対して売り手は，収益の上限がオプション料に限定されており，オプションの基礎商品の時価の変動によっては大きな損失をこうむる可能性もあります。

　他のデリバティブ取引は，売り手，買い手とも契約履行の義務がありますが，オプション取引は，買い手には権利はあるが義務はなく，売り手にのみ買い手の権利行使に応じて契約を履行する義務があります。そのため，他のデリバティブ取引の場合は，通常は取引の開始時点での権利と義務が等価であることから，取引当初の価値はゼロであるのに対して，オプション取引の場合は，取引当初から買い手の権利（売り手の義務）相当分の価値があり，オプション料は，これを表します。

⑵　オプション取引の分類

①　コール・オプションとプット・オプション

　オプション取引の対象となる商品等を「買う権利」をコール・オプションといい，「売る権利」をプット・オプションといいます。

②　アメリカン・オプションとヨーロピアン・オプション

　オプションには，権利行使期間内であればいつでも権利行使できるものと特

定期日にのみ権利行使できるものがあり，前者を**アメリカン・オプション**（アメリカン・タイプ），後者を**ヨーロピアン・オプション**（ヨーロピアン・タイプ）といいます。また，満期までの間で，権利行使可能な期日を複数回間隔を空けて設定されるオプションを**バミューダ・オプション**（バミューダ・タイプ）といい，アメリカン・タイプとヨーロピアン・タイプの中間的な性質を有するといえます。

③　現物オプションと先物オプション

　オプション取引は，現物市場の現物取引（あるいは現物価格の指数）を基礎商品とする**現物オプション**と，先物市場の先物取引を基礎商品とする**先物オプション**に分類することができます。現物オプションが権利行使された場合には，一定の条件（価格等）による特定の商品の売買，スワップ取引または金銭の授受等が行われるのに対し，先物オプションが権利行使された場合には，一定の価格による先物取引の売建玉または買建玉（転売，買戻しとなる場合もあります）が発生します。

　通貨オプション，債券店頭オプション，株価指数オプション，株式オプション，金利キャップ・フロアー・カラー取引およびスワップションは現物オプションであり，債券先物オプション，金利先物オプションおよび商品先物オプションは，先物オプションです。

④　店頭オプションと上場オプション

　オプション取引には相対で取引されるものと，取引所において取引されるものがあります。前者は通常，金融機関等の店頭で取引されるため，**店頭オプション**と呼ばれ，後者は**上場オプション**と呼ばれています。

　店頭オプションは，取引単位，受渡日，行使価格等を当事者間で自由に決めることができます。一方，上場オプションは，それらが定型化されています。

　上場オプションの決済は，先物取引と同様に反対売買による決済（取引の解消）ができます。ただし，先物と異なり，差金決済が行われるのではなく，当

初の取引時にもオプション料の授受が伴います。そのため，買建て時に支払っ
たオプション料と転売時に受け取ったオプション料，または売建て時に受け
取ったオプション料と買戻し時に支払ったオプション料との差額がオプション
取引全体の損益となります。

　また，上場オプションは，取引所の会員以外の者は取次業者を通じて取引を
行うことや，委託証拠金および含み損が生じた場合に追加証拠金が必要になる
ことにおいても先物取引と同様です。ただし，オプションの買建ての場合は，
支払ったオプション料以上に損失が増大することがないため，証拠金は不要で
す。正確にいうと，上場オプションの銘柄単位で売建玉が買建玉を上回ってい
る場合に証拠金が必要となります。

　上場オプションの買い手がオプションの権利行使を行うと，取引所が売建玉
を持っている会員に対して所定の方法により割当てを行い，先物取引の約定ま
たは差金決済が行われることになります。取引所の会員のうち，金融機関，証
券会社，商品取引会社等の取次業者は，あらかじめ定めた公平な方法により，
速やかに店内割当を行い，顧客が指定された場合には，すみやかにその顧客に
通知します。反対売買されず，権利行使もされなかった，または権利行使の割
当ても受けなかった建玉は，取引最終日に消滅します。

⑶　ITM, OTM, ATM

　オプションは，基礎商品の時価の水準により，権利行使することが有利な状
態，権利行使すると損失をこうむるため放棄したほうが良い状態，時価と行使
価格が同じ状態の３つの状態がありますが，これをそれぞれ**イン・ザ・マネー**
（ITM），**アウト・オブ・ザ・マネー**（OTM），**アット・ザ・マネー**（ATM）といい
ます。

⑷　オプションの価値の決定要素

　先渡取引等の価値は，ほとんど基礎商品の価値によって変動しますが，オプ
ションの価値は，そのほかにも影響する要因があり，より複雑です。その理由

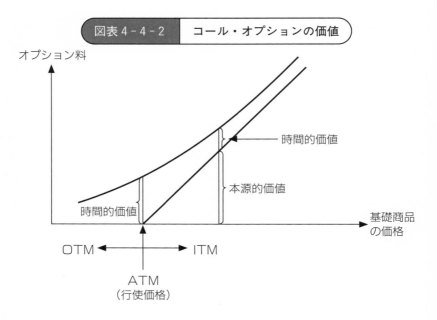

図表 4 - 4 - 2　コール・オプションの価値

オプション料

時間的価値

本源的価値

時間的価値

基礎商品
の価格

OTM ← → ITM

ATM
（行使価格）

は，オプションの価値には，現時点で権利行使した場合に得られる利益の価値に加えて権利行使期限までにそれ以上の利益を得る可能性の価値もあるからです（前者を**本源的価値**，後者を**時間的価値**といいます）。したがって，オプションの価値は，OTM の状態であってもゼロではなく，時間的価値相当分の価値があります（**図表 4 - 4 - 2**）。

　オプションの価値は，具体的には，①行使価格と基礎商品の時価との相対的位置関係，②オプションの残存期間，③基礎商品の時価の変動性（**ボラティリティー**），④金利によって決まり，それぞれ以下のような関係があります（**図表 4 - 4 - 3**）。

①　行使価格と基礎商品の時価との相対的位置関係
　行使価格が基礎商品の時価と比較して有利であればあるほどオプションの価格は高くなります。

| 図表 4 - 4 - 3 | オプション価格の各要素との関係 |

オプション価格決定要素		オプション価格	
		コール	プット
基礎商品の時価	上昇	上　昇	下　落
	下落	下　落	上　昇
行使価格	高い	安　い	高　い
	安い	高　い	安　い
残存期間	長い	高　い	高　い
	短い	安　い	安　い
ボラティリティー	上昇	上　昇	上　昇
	低下	下　落	下　落
金　利	上昇	行使価格の現在価値が低下するため上昇	行使価格の現在価値が低下するため下落
	低下	行使価格の現在価値が上昇するため下落	行使価格の現在価値が上昇するため上昇

②　オプションの残存期間

オプションの残存期間が長ければ長いほどオプションから得られる利得の不確実性が増すため，オプションの価格は高くなります。つまりオプションは他の要因が一定であれば取引してからの期間が経過し，期日が近くなるほど価値は減少します。

③　基礎商品の時価の変動性（ボラティリティー）

基礎商品の時価の変動性が大きければ大きいほどオプションから得られる利得の不確実性が増すため，オプションの価格は高くなります。

④　金　利

最も一般的なオプション評価モデルである「ブラック・ショールズ・モデル」

を前提とすれば，金利が上昇すると行使価格の現在価値が低下するため，コール・オプションのオプション料は上昇し，プット・オプションのオプション料は下落します。金利が下落する場合は逆の動きとなります。

⑤　オプション取引の利用目的

　オプション取引の利用目的には，大きく分けて，ヘッジ，裁定，投機の3つがあります。ヘッジ目的にのみ利用することが安全ですが，適切な内部統制の下で，リスクを常に正しく把握，管理していれば，投機目的とはいっても，健全な収益獲得手段にもなり得ます。ただし，オプション取引のリスク管理は，他のデリバティブと比較してより複雑であることに留意することが必要です。

　オプションの売り手は，相場変動のリスクが限定されず，収益はオプション料に限定されます。これに対してオプションの買い手は，相場変動のリスクはオプション料に限定されており，収益は限定されません。したがって，オプション取引のうち，純粋なヘッジ目的に適合するのはオプションの購入および相場変動リスクを一定範囲に限定するオプションの購入と売却の組み合わせに限られます。

　先渡取引または先物取引でヘッジを行った場合，ヘッジ効果が完全であれば最終損益が確定しますが，相場が有利に変動した場合に得られるはずの収益を獲得する機会は失われます。これに対してオプションの購入によりヘッジを行った場合は，最大損失が限定されて，なおかつ相場が有利に変動した場合に収益を獲得する機会も残されています。したがって，オプションの購入は，相場が有利に変動することが予想される場合のヘッジ手段に適しているといえます。

　オプションの売却でも，相場変動があまりないことが予想される場合に，損益を改善させるために現在保有している資産（たとえば，ドル建売掛金を保有している場合のドル）のコール・オプションを売る取引および現在保有している負債（たとえば，ドル建買掛金を保有している場合のドル）のプット・オプションを売る取引は，比較的高いリスクを負わずに行うことができます。これ

により，有利な方向の相場変動による利益は限定されてしまいますが，オプション料が得られるため，当初保有していた資産または負債にオプション料を上回る利益が生ずるほど有利な相場変動がない限り，最終損益は改善されます。

なお，店頭オプションは先渡取引と同様に取引単位，期日または期間，行使価格等を自由に決められるため，ヘッジ対象物に適合した取引を行い，相場変動によるリスクを完全に回避することができます。これに対して上場オプションは，先物と同様に取引条件が定型化されているため，ヘッジの対象物と完全にマッチさせることは困難です。

⑥ オプション取引をヘッジ手段とする場合のヘッジ会計適用上の留意点

① ヘッジ有効性の評価方法

ヘッジ有効性の評価は，原則としてヘッジ開始時から有効性判定時点までの期間において，ヘッジ対象の相場変動またはキャッシュ・フロー変動の累計とヘッジ手段の相場変動またはキャッシュ・フロー変動の累計とを比較し，両者の変動額等を基礎にして判断します。しかし，オプション取引をヘッジ手段とする場合には，時間的価値を除いてヘッジ有効性の評価を行うことができます。すなわち，相場変動を相殺するヘッジを行う場合には，オプションの基礎商品の時価変動額とヘッジ対象の時価変動額を比較して判定を行うことができ，キャッシュ・フローを固定するヘッジを行う場合には，オプションの基礎商品のキャッシュ・フロー変動額とヘッジ対象のキャッシュ・フロー変動額を比較して判定を行うことができます。

このような取扱いが認められているのは通常，ヘッジ対象の相場変動またはキャッシュ・フロー変動は，基礎商品の直物価格の変動によるものであり，ヘッジ手段として利用されるデリバティブの時価変動のうち，時間的価値の変動を除いた部分（本源的価値の変動）と対応するためです。時間的価値の変動を含めたオプション取引全体の価格変動をヘッジ対象の相場変動と対応させるようなヘッジ手法（**デルタ・ヘッジ**）を採用している場合以外は，時間的価値を除

いて，ヘッジ有効性の評価を行ったほうが合理的といえます。

ヘッジ有効性の評価にあたり，時間的価値を除いて評価するかどうかは，ヘッジ取引の特性に応じてあらかじめ決めておく必要があります。

②　時間的価値の処理

ヘッジ手段として用いられるオプションの時間的価値については，次の２つの処理方法のうち，いずれかの方法により処理することになります。

　ⅰ）ヘッジ手段の時価変動のうち時間的価値の変動を除いた部分（本源的価値の変動）のみを繰延処理の対象とし，時間的価値の変動をただちに損益計算書に計上する方法

　ⅱ）時間的価値を含めたヘッジ手段の時価変動の全体を繰延処理の対象とする方法

　ⅰ）またはⅱ）のいずれの方法を採用する場合においても，ヘッジの有効性判定においては時間的価値の変動を除外して判定することができます。また，いずれの方法で処理してもオプション取引の貸借対照表価額は，時間的価値を含む時価になります。

③　売建オプションによるヘッジ

オプション取引によるヘッジは，買建取引による場合がほとんどですが，たとえば，現物資産と組み合わせてコール・オプションを売却する取引（カバード・コール。(7)①を参照）の場合，受取オプション料の範囲内で，保有資産の価格が下落した場合の損失を削減する効果があります。しかし，オプションの売建ては，獲得可能な利益が限定されている一方で，潜在的に不利な取引を履行する義務が伴うため，積極的にリスクを削減する効果よりもリスクを負う効果がより強く発生し，リスクの有効な減殺手段とはいえません。したがって，仮にその取引目的がヘッジであると主張しても，ヘッジ会計の適用はできません。

ただし，レンジ予約（(7)①を参照）や金利カラー取引（(7)⑧を参照）のように

買建オプションと売建オプションとの組み合わせによりリスクを限定する効果を有する取引で，正味の受取オプション料がないもの（すなわち，合計のオプション料がゼロまたは支払いであるもの）および複合金融商品（区分処理されるものを除きます）に組み込まれている買建オプションを相殺する売建オプションについては，ヘッジ会計の対象となり得ます。

⑺　代表的なオプション取引

①　通貨オプション取引

通貨オプション取引は，取引当事者の一方の意思表示により当事者間において将来の一定の時期に特定の通貨およびその対価の授受を行う取引を将来の一定の時期に成立させることができる権利を相手方が当事者の一方に付与し，当事者の一方がこれに対して対価を支払うことを約する取引であり，**選択権付為替予約取引**とも呼ばれています。言い換えれば，将来の一定時点において，ある一定量の通貨を他の通貨による一定の価額で売るまたは買う権利を売買する取引ということになります。

海外には通貨オプションを上場している取引所がありますが，日本国内にはなく，すべて金融機関での店頭取引として行われており，選択権付為替予約とも呼ばれています。権利行使のタイプとしては，アメリカン・タイプとヨーロピアン・タイプの両方があります。

通貨オプション取引を締結した場合には，通常その2営業日後に買い手は売り手に対してオプション料を支払います。また，買い手がオプションの権利行使を行う場合には，権利行使期日または権利行使期間中に売り手に実行の通知を行い，その2営業日後に買い手と売り手が互いに資金決済することになります。

通貨オプション取引の利用方法としては，たとえば以下のようなものが考えられます。

ⅰ）単独の購入

単独の通貨オプション購入は，外貨建取引を行っていて，為替相場変動によ

る損益の変動リスクを回避したいが，為替相場が有利に変動した時は為替差益も享受したい場合に行うのに適しています。たとえば，外貨建ての輸出取引を行っている企業が，当該外貨のプット・オプションを購入すれば，為替相場が行使価格より円高に動いた場合に権利行使することにより行使価格で外貨建取引の決済を行い，実際の為替相場で決済した場合よりも得られる円貨額が多くなります。為替相場が逆に行使価格より円安に動いた場合にも，権利を放棄することができるので，実際の為替相場で決済するのと比較してオプション料が追加負担になるだけで済みます。このようなプット・オプションを**プロテクティブ・プット**といいます（**図表** 4 - 4 - 4 参照）。

ⅱ）単独の売却

単独の通貨オプション売却は，外貨建取引を行っていて，為替相場の変動があまり大きくないと予想する場合に利益を短期的に得るのに適しています。たとえば，外貨建ての輸出取引を行っている企業が，当該外貨のコール・オプションを売却したとすれば，為替相場が行使価格より円安に動いた場合にオプションが行使され，その時の為替相場より不利な為替相場で外貨建取引の決済を行うことになりますが，受け取ったオプション料がその損失を上回れば取引全体では利益を得られます。逆に為替相場が円高に動いた場合に為替差損が生じても，受け取ったオプション料分だけその損失を埋め合わせることができます。このようなコール・オプションを**カバード・コール**といいます（**図表** 4 - 4 - 5 参照）。

ⅲ）購入と売却の組み合わせ

通貨オプション取引は，購入と売却を組み合わせた利用の仕方もよく行われます。とくに行使価格や対象外貨額を調整することにより，支払オプション料と受取オプション料を同額にする形態は，**ゼロ・コスト・オプション**と呼ばれ，非常に一般的なものとなっています。この場合は通常，オプション料は相殺され，受払いは行われません。

ゼロ・コスト・オプションには，代表的なものとしてレンジ予約と変額予約があります。

図表 4 - 4 - 4　プロテクティブ・プット

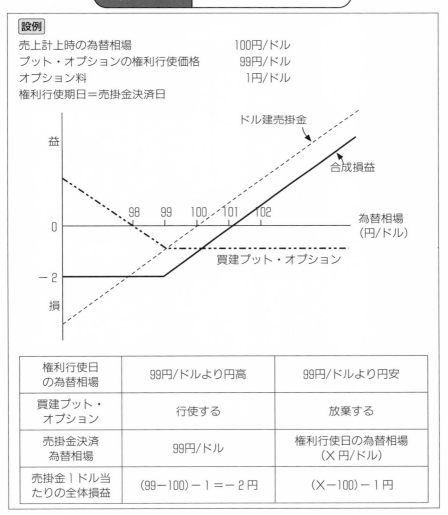

【設例】

売上計上時の為替相場	100円/ドル	
プット・オプションの権利行使価格	99円/ドル	
オプション料	1円/ドル	
権利行使期日＝売掛金決済日		

権利行使日 の為替相場	99円/ドルより円高	99円/ドルより円安
買建プット・ オプション	行使する	放棄する
売掛金決済 為替相場	99円/ドル	権利行使日の為替相場 （X円/ドル）
売掛金1ドル当 たりの全体損益	（99－100）－1＝－2円	（X－100）－1円

　レンジ予約は，異なる行使価格の通貨オプションの購入と売却により，為替相場に幅（レンジ）を持たせた為替予約としての効果を得ようとするもので，外貨建取引を行っている企業が，オプション料を負担せずに為替相場変動によ

168

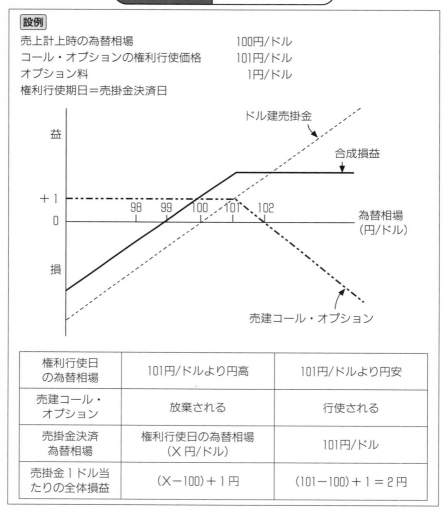

図表4-4-5　カバード・コール

設例

売上計上時の為替相場	100円/ドル
コール・オプションの権利行使価格	101円/ドル
オプション料	1円/ドル

権利行使期日＝売掛金決済日

権利行使日の為替相場	101円/ドルより円高	101円/ドルより円安
売建コール・オプション	放棄される	行使される
売掛金決済為替相場	権利行使日の為替相場（Ｘ円/ドル）	101円/ドル
売掛金1ドル当たりの全体損益	（Ｘ－100）＋1円	（101－100）＋1＝2円

る損益の変動リスクを回避し，為替相場が有利に変動した時は為替差益もある
程度享受したい場合に利用されます。

　外貨建ての輸出を行っている企業が行う典型的なレンジ予約は，企業が許容

できる限度の円高水準の為替相場を行使価格とするプット・オプションの購入と，オプション料がそれと同額となるような円安水準の為替相場を行使価格とするコール・オプションの売却により構成されます。為替相場が円高に動いた場合にプット・オプションを行使することにより為替差損が限定される代わりに，為替相場が円安に動いたとしてもコール・オプションを行使されるため，為替差益も限定されます（取引時の為替相場がプット・オプションの行使価格とコール・オプションの行使価格の間にある場合を想定，**図表4-4-6参照**）。

変額予約は，通貨オプションの購入と売却の行使価格を同一とし，契約金額を調整することにより購入と売却のオプション料を同額とするもので，外貨建取引を行っている企業が，オプション料を負担せずに為替相場の変動予想に基づいて全体損益を改善したい場合に利用されます。

外貨建の輸出を行っている企業が円安を予想している場合に行う典型的な変額予約は，企業が円安の限度と予想する水準の為替相場を行使価格とするプット・オプションの購入とコール・オプションの売却を同時に行い，売却と購入の外貨額の比率を調整することによりオプション料を同額にするものです。オプション締結時にはプット・オプションはアウト・オブ・ザ・マネー，コール・オプションはイン・ザ・マネーであるため，コール・オプションの売却単価よりプット・オプションの購入単価のほうが高く，コール・オプション売却のほうがプット・オプションの購入より多くなります。通常は，売却したコール・オプションを行使された場合に，その時の相場で新たに外貨を調達する必要がないように，コール・オプションの売却は外貨建債権と同額以下にします。この場合，為替相場が予想限度より円安に変動しない限り全体損益は改善されます（**図表4-4-7参照**）。

なお，買建ての通貨オプションで，契約締結時から権利行使日までの期間が短期かつ為替相場の変動状況から権利行使価格が有利な状態にあり，契約締結時において権利行使が確実に行われると認められるものについては，金融商品会計基準におけるヘッジ会計の要件を満たすことを条件として，振当処理を採用することができます。通貨オプションを振当処理する場合には行使価格によ

| 図表 4-4-6 | レンジ予約 |

設例

売上計上時の為替相場 100円/ドル
プット・オプションの権利行使価格 99円/ドル
コール・オプションの権利行使価格 102円/ドル
オプション料 1円/ドル
権利行使期日＝売掛金決済日

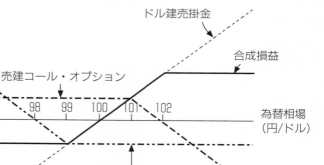

権利行使日の為替相場	99円/ドルより円高	99円/ドルと102円/ドルの間	102円/ドルより円安
買建プット・オプション	行使する	放棄する	放棄する
売建コール・オプション	放棄される	放棄される	行使される
売掛金決済為替相場	99円/ドル	権利行使日の為替相場（Ｘ円/ドル）	102円/ドル
売掛金1ドル当たりの全体損益	99－100＝－1円	Ｘ－100円	102－100＝2円

図表 4 - 4 - 7 　変額予約

設例

売上計上時の為替相場	100円/ドル
プット，コール・オプションの権利行使価格	102円/ドル
プット・オプションのオプション料	3円/ドル
コール・オプションのオプション料	1円/ドル
コール・オプション売却額＝売掛金外貨額	3百万円
プット・オプション購入額	1百万円

権利行使期日＝売掛金決済日

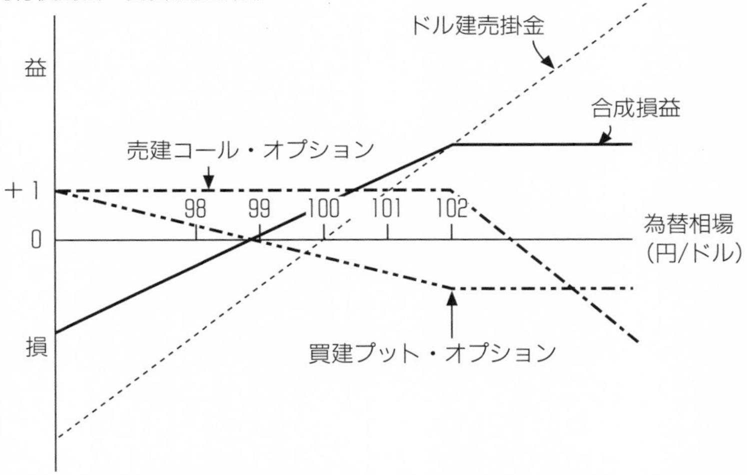

権利行使日 の為替相場	102円/ドルより円高	102円/ドルより円安
買建プット・ オプション	行使する	放棄する
売建コール・ オプション	放棄される	行使される
売掛金決済 為替相場	1百万円については 102円/ドル 2百万円については 権利行使日の為替相場 （X円/ドル）	102円/ドル
売掛金1ドル当 たりの全体損益	（102－100＋2× （X－100））/3円 ＝（2X－198）/3円	102－100＝2円

る円換算額を外貨建金銭債権債務に付し，外貨建金銭債権債務の取得時または発生時の為替相場による円換算額と行使価格による円換算額との差額のうち，通貨オプションの契約締結時までに生じている為替相場の変動額は契約締結時の損益として処理し，残額および資産に計上している支払オプション料は，原則として，契約締結日の属する期から決済日の属する期にわたり期間配分することになります。ただし，算定された差額および支払オプション料の金額に重要性がない場合には，期間配分することなく，通貨オプション契約を締結した日の属する事業年度の損益として処理することができます（外貨建実務指針第6項）。

　通貨オプションの権利行使が確実に行われるかどうかの判断は，同一行使満期日かつ同一行使価格の通貨オプションごとに，各行使満期日までの残存期間に相当する期間において，過去に為替相場が変動した幅（変動率と変動幅）を考慮し，判断時点の為替相場の動向と変動率を予測して行います。そもそも振当処理は外貨建金銭債権債務等の決済額が円貨額で確定することから認められているため，行使期日の，または行使期日までの為替相場が権利行使価格に対して不利な状態となり，権利行使を行わないことも十分考えられるような場合，とくに行使期日までの期間が長期間の通貨オプションについては振当処理は採用できないということになります。

②　債券店頭オプション取引

　債券店頭オプション取引は，当事者の一方の意思表示により当事者間において一定の価格による特定の債券（国債，政府保証債，地方債等）の売買取引を将来の一定の時期に成立させることができる権利を相手方が当事者の一方に付与し，当事者の一方がこれに対して対価を支払うことを約する取引で，**選択権付債券売買取引**とも呼ばれています。

　債券店頭オプション取引は，取引所で取引される債券先物取引や，債券先物オプション取引と異なり，現物市場で売買されている債券が対象となり，アメリカン・タイプとヨーロピアン・タイプの両方があります。また，オーダーメ

イド的な性格を有していることから，バリア・オプションやアベレージ・オプション，ルックバック・オプションなど，投資家の目的に応じた特殊なオプションも取引されています。

債券店頭オプション取引を締結した場合には，その4営業日後に買い手は売り手に対してオプション料を支払います。また，買い手がオプションの権利行使を行う場合には，権利行使期日または権利行使期間中に売り手に実行の通知を行い，その4営業日後に買い手と売り手が互いに資金決済することになります。

債券店頭オプション取引は，店頭取引ではありますが，同一の相手先との間で，転売，買戻しや，対象銘柄，残存行使期間，行使価格が同一の反対取引を行うことによって，取引残高を相殺することができます。

債券店頭オプションは，特定の銘柄を対象にするため，債券の価格変動リスクを紐付きでヘッジするのに適しています。

債券を保有している企業が，その債券のプット・オプションを購入すれば，債券価格がオプション取引の行使価格より下落したとしても行使価格で売却することができます。反対に債券価格が行使価格より上昇した場合には，オプションの権利放棄をすれば，売却益を得ることもできます。

また，将来入金される資金を債券で運用することを予定している場合，コール・オプションを購入しておけば，その後，債券価格が上昇した場合にはオプションの行使価格で割安に債券を購入することができます。

③　債券先物オプション取引

債券先物オプション取引は，当事者の一方の意思表示により当事者間において一定の価格による特定の債券先物取引を将来の一定の時期に成立させることができる権利を相手方が当事者の一方に付与し，当事者の一方がこれに対して対価を支払うことを約する取引です。

取引所取引であり，日本国内では，大阪取引所において長期国債先物オプションが上場されています。

　大阪取引所の長期国債先物オプション取引を約定した場合には，取引締結の日の翌日に買い手は取引所に対してオプション料を支払い，売り手は取引所からオプション料を受け取ります。アメリカン・オプションなので，買い手は取引最終日までの毎日権利行使でき，買い手がオプションの権利行使を行うと，取引所が売建玉を持っている会員（証券会社等）に対して所定の方法により割当てを行い，長期国債標準物の先物取引が約定されることになります。ただし，権利行使期間満了時にイン・ザ・マネーの建玉については，権利行使があったものとして取り扱う「自動権利行使制度」が採用されているので，実際には権利行使の申告を行う必要はありません。

　大阪取引所における長期国債先物オプション取引の概要は，**図表4-4-8**のとおりです。

　債券店頭オプションと同様に債券の価格変動リスクをヘッジする目的での利

図表4-4-8	大阪取引所における長期国債先物オプション取引の概要
対象銘柄	長期国債標準物（金利6％・残存期間10年）
限月	四半期限月取引： 　3月，6月，9月，12月の直近2限月 その他の限月取引： 　直近2限月（最大2限月）
取引単位	額面1億円
呼値の単位	額面100円当たり1銭
取引開始日	四半期限月取引： 　限月の6ヵ月前の1日（休業日の場合は繰下げ） 上記以外の限月取引： 　限月の前々月の1日（休業日の場合は繰下げ）
取引最終日	限月の前月の末日（休業日および半休日の場合は繰上げ）
権利行使価格	新規設定時には，取引開始日の前営業日の権利行使対象先物限月取引の清算値段に最も近接する25銭の整数倍および当該数値を中心に25銭刻みで上下20種類を設定

用が最も基本的ですが，標準物を対象とする先物オプションであるため，価格変動を完全にヘッジすることはできず，権利行使した際に生じる利益で現物債の相場変動による損失を相殺する形になります。

　投機目的で行った債券先物取引の相場変動リスクをヘッジする目的で債券先物取引と同一の債券標準物のオプションを買い建てる場合には，当該リスクを完全にヘッジすることができます。

④　金利先物オプション取引

　金利先物オプション取引は，当事者の一方の意思表示により当事者間において一定の価格による特定の金利先物取引を将来の一定の時期に成立させることができる権利を相手方が当事者の一方に付与し，当事者の一方がこれに対して対価を支払うことを約する取引です。

　取引所取引であり，日本国内では東京金融取引所において TONA 3ヵ月金利先物オプションが上場されています。

　東京金融取引所の TONA 3ヵ月金利先物オプション取引を約定した場合には，翌営業日までに買い手は取引所に対してオプション料を支払い，売り手は取引所からオプション料を受け取ります。アメリカン・オプションなので，買い手は取引最終日までの毎日権利行使でき，買い手がオプションの権利行使を行うと，取引所が売建玉を持っている会員（金融機関等）に対して所定の方法により割当てを行い，TONA 3ヵ月金利先物取引が約定されることになります。ただし，権利行使期間満了時にイン・ザ・マネーの建玉については，権利行使があったものとして取り扱う「自動権利行使制度」が採用されているので，実際には権利行使の申告を行う必要はありません。

　東京金融取引所における TONA 3ヵ月金利先物オプション取引の概要は，図表4-4-9のとおりです。

　借入れによる資金調達を計画している場合に，金利先物プット・オプションを買い建てれば，金利が上昇したときに権利行使することにより，決済差益が得られるため，借入金利の上昇分と相殺され，資金調達コストの上昇が軽減さ

図表 4 - 4 - 9	東京金融取引所におけるＴＯＮＡ３ヵ月金利先物オプション取引の概要
対象金利	TONA（Tokyo OverNight Average rate，日本銀行が公表する無担保コールオーバーナイト物レート）３ヵ月
限月	３月，６月，９月，12月の５限月（最長１年３ヵ月）
取引単位	TONA３ヵ月金利先物１単位
価格の表示方法	TONA３ヵ月金利先物の最小変動幅（0.001）刻みの数値
最小変動幅(価値)	0.001（250円）
取引最終日	各限月の３ヵ月後の第３水曜日（銀行休業日の場合は翌営業日）
最終決済日	取引最終日の翌営業日
権利行使価格	TONA３ヵ月金利先物をベースとした0.125刻み

れます。逆に金利が低下した場合には，オプションの権利を放棄すれば，オプション料の追加負担だけで金利低下による資金調達コストの軽減を享受できます。したがって，資金調達コストの上限をある程度定めることができることになります。

　反対に将来の予定されている資金の運用を計画している場合に金利先物コール・オプションを買い建てれば，金利が低下しても運用益の下限をある程度定めることができます。

⑤　株価指数オプション取引

　株価指数オプション取引は，当事者の一方の意思表示により当事者間において特定の株価指数として定める数値と将来の一定の時期における現実の当該数値の差に基づいて算出される金銭の授受を行う権利を相手方が当事者の一方に付与し，当事者の一方がこれに対して対価を支払うことを約する取引です。

　店頭取引もあり得ますが，取引所取引として，日本国内では，大阪取引所において日経225オプション，TOPIXオプション，JPX日経インデックス400オプション等が上場されています。

　日経225オプション取引を約定した場合には，取引締結の日の翌日に買い手は取引所に対してオプション料を支払い，売り手は取引所からオプション料を受け取ります。買い手は取引最終日の翌日にのみ権利行使することができ，買い手がオプションの権利行使を行うと，取引所が売建玉を持っている会員（証券会社等）に対して所定の方法により割当てを行い，行使価格と権利行使日の株価指数の清算値（スペシャル・クォーテーション）との差額を授受することになります。ただし，権利行使日にイン・ザ・マネーの建玉については，権利行使があったものとして取り扱う「自動権利行使制度」が採用されているので，実際には権利行使の申告を行う必要はありません。

　大阪取引所における日経225オプション取引の概要は，**図表4-4-10**のとおりです。

　株式を保有している企業が，将来の株価下落を予想する場合，手持ちの株式を売却することによって対応する方法もありますが，株価指数のプット・オプ

図表4-4-10	大阪取引所における日経225オプション取引の概要
限月	1．四半期限月（最長8年） 　　6・12月限：直近の16限月 　　3・9月限：直近の3限月 2．その他の限月（最長12ヵ月） 　　直近の8限月
取引単位	オプション価格×1,000円
呼値の単位	オプション価格が100円以下：1円 オプション価格が100円超　：5円
取引最終日	各月の第2金曜日（休業日に当たるときは，順次繰り上げる）の前営業日に終了する取引日
権利行使日	SQ日（スペシャル・クォーテーション日，取引最終日の翌営業日）
権利行使価格	新規設定時には，取引開始日の前営業日の日経225終値に最も近接する250円の整数倍の数値および当該数値を中心に250円刻みで上下16種類を設定

ションを買うことによって，手持ちの株式を売却することなく，株価下落による損失を回避することができます。予想に反して株価が上昇した場合にも，権利放棄することにより損失はオプション料のみに限定されます。とくに大量かつ多数銘柄の株式を保有している場合には，有効に利用することができます。

ただし，株価指数先物取引と同様に，複数銘柄による株式ポートフォリオの時価変動をヘッジしようとする場合でも，個々の銘柄の株価が株価指数と同様に反応するとはいえないため，一般的にヘッジ会計を適用することはできません。

⑥　商品先物オプション取引

商品先物オプション取引は，当事者の一方の意思表示により当事者間において一定の価格による特定の商品先物取引を将来の一定の時期に成立させること

参考　オプションと保険の比較

オプション取引は，保険と似ています。両者とも，オプション料または保険料を対価として特定のリスクを他に移転する取引です。また，オプションの権利行使期間は保険の契約期間に相当しますし，数量と権利行使価格は移転するリスクの範囲を決めるものなので，保険でいえば，付保の範囲のようなものといえます。

オプションと保険が異なるのは，保険は損害の発生を前提とした損失填補性があるのに対して，オプションは損害の有無にかかわらず権利行使される点とオプション料は時々刻々と変化するものであるのに対して，保険料はそれほど頻繁に変更されないという点です。また，オプションは，流動性があり，リスクの引受け手は容易にそのリスクを他に転嫁することができます。このため，オプション取引では短期的な売買を行ってオプション料の差額から利益を稼ぐこともできます。

ただし，ウェザー・デリバティブや地震デリバティブと呼ばれている天候や震災のリスクを対象とするオプション取引も行われており，保険契約との間で相互にリスクをコントロールできる関係になってきています。

ができる権利を相手方が当事者の一方に付与し，当事者の一方がこれに対して対価を支払うことを約する取引です。

　取引所取引であり，日本国内では，大阪取引所において，金先物オプションが上場されています。海外では，シカゴ商品取引所（Chicago Board of Trade）において穀物商品の先物オプションが上場されています。

⑦　スワップション取引

スワップション取引はスワップ取引を対象とするオプション取引です。現在広く扱われているスワップション取引は金利スワップを対象としたものが多いようです。

　スワップションはその契約内容により以下のような分類ができます。

　　a　コール（レシーバーズ）とプット（ペイヤーズ）

　オプションの買い手が将来固定金利を受け取る権利を有する場合をコール（レシーバーズ）スワップションといい，オプションの買い手が将来固定金利を支払う権利を有する場合をプット（ペイヤーズ）スワップションといいます。

　　b　ヨーロピアンとアメリカン

　権利行使日が限定されているものをヨーロピアンといい，権利行使が一定の期間内であればいつでもできるものをアメリカンといいます。

　たとえば，A社はX銀行との間で1年後スタートで，期間3年の固定金利

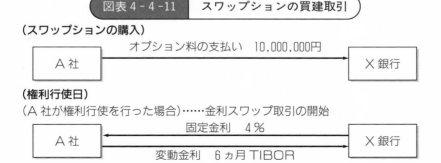

図表 4 - 4 -11　　スワップションの買建取引

（スワップションの購入）

A 社　──オプション料の支払い　10,000,000円──→　X 銀行

（権利行使日）

（A 社が権利行使を行った場合）……金利スワップ取引の開始

A 社　←──固定金利　4％──　X 銀行

A 社　──変動金利　6ヵ月TIBOR──→　X 銀行

を受け取り，変動金利を支払う金利スワップ取引を開始する（コールスワップション）を行ったとします。

（スワップションの取引条件）
　オプション期間　　１年
　約　　定　　日　　X0年１月１日
　オプション料　　　１％（約定時一括）
　金利スワップ条件
　　想定元本　　10億円
　　期　　　間　　３年
　　固定金利　　４％（A社受取り）
　　変動金利　　６ヵ月TIBOR（A社支払い）
　　取引開始　　X1年１月１日
　　取引終了　　X3年12月31日

　権利行使時において，３年物固定金利＜４％となっていた場合，市場金利より高い固定金利の受取りが可能であり，この時点で新たな金利スワップ取引を行うより有利な条件となるためA社は権利を行使し，以後３年間にわたり固定金利４％を受け取り，変動金利６ヵ月TIBORを支払う金利スワップ取引が行われます。

（A社が権利行使を行わない場合）

　権利行使時において，３年物固定金利＞４％となっていた場合，ここで新たな金利スワップを行ったほうが有利と考えられるためA社は権利を放棄します。

⑧　キャップ取引，フロアー取引，カラー取引

　キャップ取引および**フロアー取引**は金利を対象とするオプション取引の一形態です。一般的に金利オプションは権利行使の機会が一定期間の間に１回のみであるのに対し，キャップおよびフロアーは契約期間中の複数の金利更改日（行使期日）において選択権が付与されていることから，異なる複数のオプション

取引の集合体であるといえます。なお，キャップ取引とフロアー取引を組み合わせた取引を**カラー取引**といいます。

　a　キャップ取引

キャップ取引では，買い手が売り手に対してオプション料を支払うことにより，契約期間中の各金利更改日（権利行使日）に基準金利（一般的には変動金利）が上限金利（キャップ）を上回った場合，想定元本に基づく金利差額を受け取ります。その場合の金利差額は「想定元本×（基準金利－キャップ金利）×（次回金利更改日までの日数÷360日または365日）」で計算され，一般的に金利差額は次回の金利更改日に決済されます。

　たとえば，A社はX銀行から基準金利を6ヵ月TIBOR，上限金利5％としたキャップを購入し，オプション料を支払ったとします。当該取引と基準金利と適用金利の関係および損益図を図示すると**図表4－4－12**および**図表4－4－13**のようになります。

　金利スワップは，約定に基づき契約期間にわたり定期的に固定金利と変動

図表4－4－12　**キャップ買建取引例**

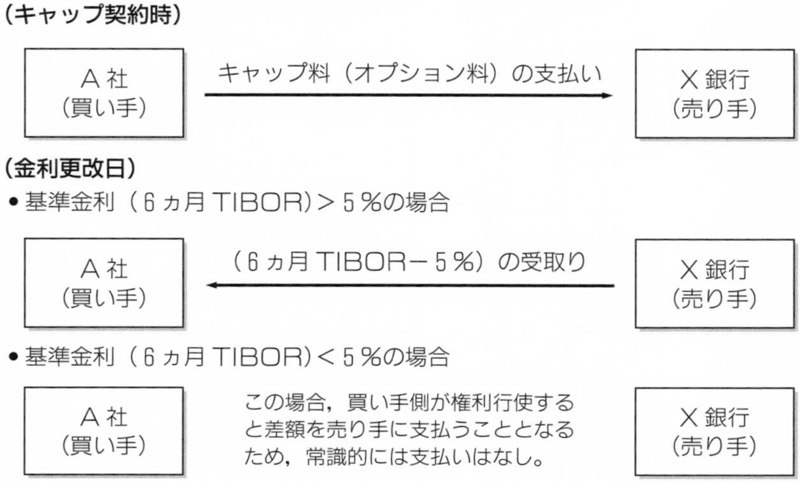

（キャップ契約時）

| A社（買い手） | →キャップ料（オプション料）の支払い→ | X銀行（売り手） |

（金利更改日）

● 基準金利（6ヵ月TIBOR）＞5％の場合

| A社（買い手） | ←（6ヵ月TIBOR－5％）の受取り← | X銀行（売り手） |

● 基準金利（6ヵ月TIBOR）＜5％の場合

| A社（買い手） | この場合，買い手側が権利行使すると差額を売り手に支払うこととなるため，常識的には支払いはなし。 | X銀行（売り手） |

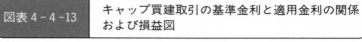

図表4-4-13　キャップ買建取引の基準金利と適用金利の関係および損益図

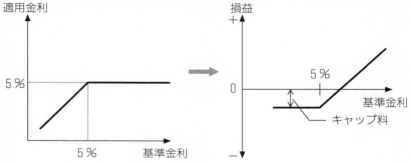

　金利のキャッシュ・フローの交換が行われるのに対して，キャップ取引は基準金利（変動金利）が上限金利（固定金利）を上回った場合に，キャップの買い手が変動金利を受け取り固定金利を支払う（キャッシュ・フローは差額決済）という金利スワップと同じような性格を持っています。

　　b　フロアー取引

　フロアー取引では，キャップと反対に買い手が売り手に対してオプション料を支払うことにより，契約期間中の各金利更改日（権利行使日）に基準金利が下限金利（フロアー）を下回った場合，想定元本に基づく金利差額を受け取ります。金利差額はキャップと反対の考え方によって計算され，次回の金利更改日に決済されるのが一般的です。

　たとえば，A社はX銀行から基準金利を6ヵ月TIBOR，下限金利3％としたフロアーを購入し，オプション料を支払ったとします。当該取引，基準金利と適用金利の関係および損益図を図示すると**図表4-4-14**および**図表4-4-15**のようになります。

　　c　カラー取引

　カラー取引は想定元本，契約期間，金利更改日，基準金利を同じくするキャップの購入とフロアーの売却（またはキャップの売却とフロアーの購入）

図表 4 - 4 -14	フロアー買建取引例

（フロアー契約時）

A 社 （買い手）	──フロアー料（オプション料）の支払い──▶	X 銀行 （売り手）

（金利更改日）

- 基準金利（6ヵ月 TIBOR）＜3％の場合

A 社 （買い手）	◀──（3％－6ヵ月 TIBOR）の受取り──	X 銀行 （売り手）

- 基準金利（6ヵ月 TIBOR）＞3％の場合

A 社 （買い手）	この場合，買い手側が権利行使すると差額を売り手に支払うこととなるため，常識的には支払いはなし。	X 銀行 （売り手）

図表 4 - 4 -15	フロアー買建取引の基準金利と適用金利の関係および損益図

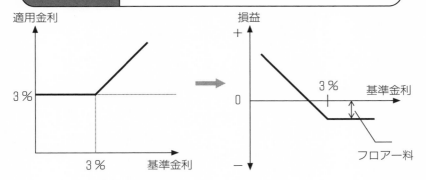

を組み合わせた取引で，変動金利の上限と下限が同時に設定されます。一般的にカラーの購入といった場合にはキャップの購入とフロアーの売却を組み合わせたもので，カラーの売却はその反対になります。カラーの購入におい

184

て，買い手はキャップの購入によるオプション料支払額とフロアーの売却によるオプション料の受取額の差額を，売り手との間で受払いします。カラーの買い手はキャップ購入による変動金利に上限を設けることが可能となり，基準金利がキャップ金利を上回った場合，その金利差を受け取る権利がありますが，フロアーの売却によってオプション料を受け取る代わりに基準金利がフロアー金利を下回った場合，相手の権利行使に応じる義務があります。

図表 4 - 4 -16　カラー買建取引例

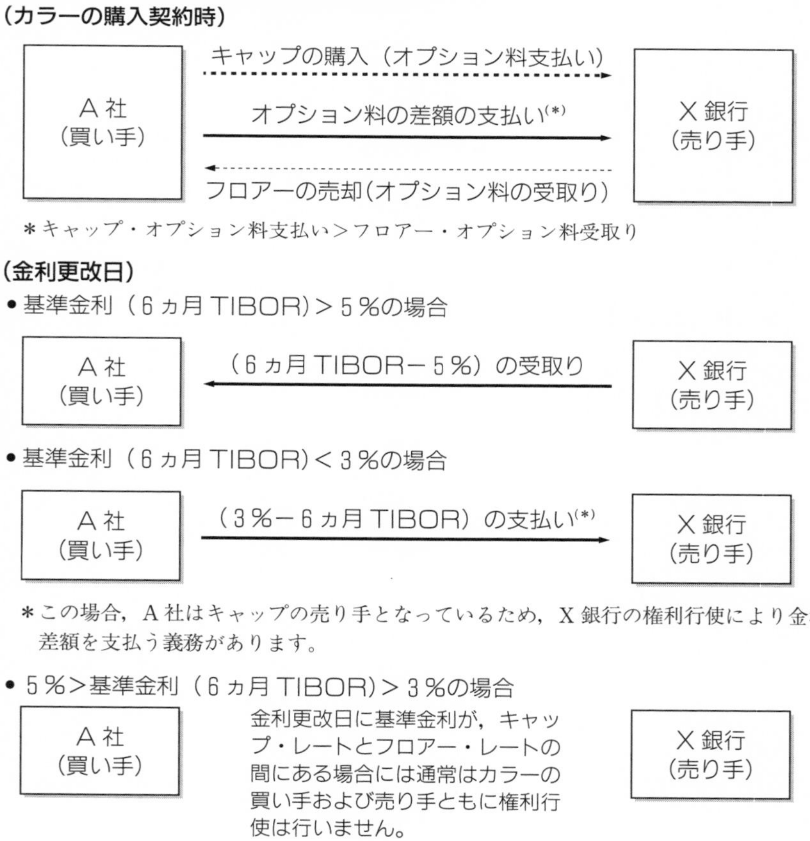

（カラーの購入契約時）

| A社（買い手） | キャップの購入（オプション料支払い）→
オプション料の差額の支払い(*)→
←フロアーの売却（オプション料の受取り） | X銀行（売り手） |

＊キャップ・オプション料支払い＞フロアー・オプション料受取り

（金利更改日）

●基準金利（6ヵ月 TIBOR）＞5％の場合

| A社（買い手） | ←（6ヵ月 TIBOR－5％）の受取り | X銀行（売り手） |

●基準金利（6ヵ月 TIBOR）＜3％の場合

| A社（買い手） | （3％－6ヵ月 TIBOR）の支払い(*)→ | X銀行（売り手） |

＊この場合，A社はキャップの売り手となっているため，X銀行の権利行使により金利差額を支払う義務があります。

●5％＞基準金利（6ヵ月 TIBOR）＞3％の場合

| A社（買い手） | 金利更改日に基準金利が，キャップ・レートとフロアー・レートの間にある場合には通常はカラーの買い手および売り手ともに権利行使は行いません。 | X銀行（売り手） |

　たとえば，A社はX銀行から基準金利を6ヵ月TIBOR，上限金利5％，下限金利3％としたカラーを購入したとします。カラーの売買の場合はキャップの購入とフロアーの売却（またはキャップの売却とフロアーの購入）の組合せであるため，オプション料の受払金額は，期間，キャップ金利，フロアー金利，ボラティリティの変動等の関係から，カラーの購入時でもオプション料を支払うだけでなく受け取る場合もあり，売却の場合も同様となります。当該取引，基準金利と適用金利の関係および損益図を図示すると**図表4-4-16**，**図表4-4-17**および**図表4-4-18**のようになります。

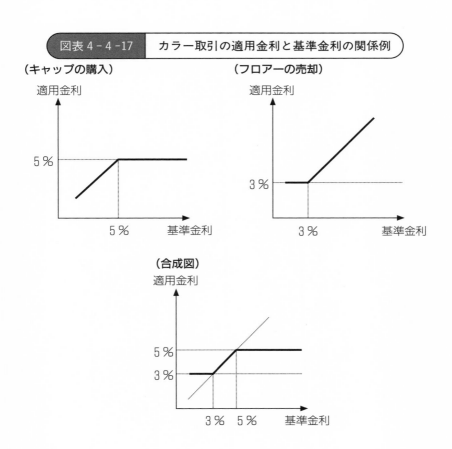

図表4-4-17　カラー取引の適用金利と基準金利の関係例

（キャップの購入）

（フロアーの売却）

（合成図）

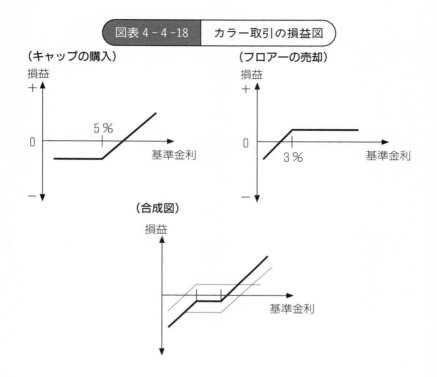

図表 4 - 4 -18　カラー取引の損益図

（キャップの購入）　　　　　　　　（フロアーの売却）

（合成図）

◎　新株予約権

　新株予約権は，自社株式オプション（自社の株式を原資産とするコール・オプション）であり，会社法上は，「株式会社に対して行使することにより当該株式会社の株式の交付を受けることができる権利」と定義されています（会社法第2条第21号）。その保有者は行使価格で株式を購入する権利を有し，逆に発行者である会社は新株予約権が行使された場合には，自社の株式を交付する義務を負うことになります。

　このようにしてみると，新株予約権もオプションの一種として，その行使により発行される株式が市場で取引されている場合には，§2で説明した会計基準におけるデリバティブの3つの性質を有していると考えられますが，会計基準上はデリバティブとしては扱われません。

　資産としての新株予約権は，企業会計上，有価証券として取り扱われます。これは，新株予約権は金融商品取引法上の有価証券とされており（金融商品取引法第2条第9号），企業会計上の有価証券の範囲は，基本的には金融商品取引法に定義する有価証券を参照しているためです（金融商品会計実務指針第58項）。したがって，新株予約権の取得者側は，有価証券の取得として処理することとなります（新株予約権付社債等適用指針第7項）。

　新株予約権の発行者は，払込金額をもって純資産の部に「新株予約権」として計上します（新株予約権付社債等適用指針第4項）。これは，新株予約権が行使された場合に発行者である企業は自社の株式（自己株式）を交付する義務を負いますが，自己株式は資本の控除項目であり金融資産ではないことから，自己株式を引き渡す義務は企業会計上の金融負債（他の企業に金融資産を引き渡す契約上の義務（金融商品会計実務指針第5項参照））には該当しません。このように，新株予約権は金融負債ではない以上，金融資産または金融負債として取り扱われるデリバティブには該当しないこととなります。

　新株予約権の権利行使時には，発行者側は新株予約権の発行および行使に伴う払込金額の合計額を払込資本（資本金，または，資本金および資本準備金）に振り替え，取得者側は有価証券の保有目的区分に応じて株式に振り替える処理を行います。また，失効時には，発行者側は失効に対応する額を原則として特別利益に計上し，取得者側は帳簿価額を損失として処理することになります。

⑻　設例による仕訳例

設例1　通貨オプションによる予定取引のヘッジ

【前提条件】

ヘッジ対象	4月末出荷，5月末代金決済予定の製品輸出契約
	契約締結日　2月28日
	契約金額　10,000千ドル
通貨オプション	プット・オプション10,000千ドルの購入
	契約締結日　2月28日

行 使 価 格　1ドル＝110円

行 使 期 日　5月29日

オプション料　1ドル当たり3.8円

オプション料支払日　3月2日

直物為替相場および上記通貨オプションの価格の推移

	直物為替相場	上記オプションの価格
契約締結日（2月28日）	109円	3.8円（うち時間的価値2.8円）
決　算　日（3月31日）	105円	7.1円（うち時間的価値2.1円）
輸　出　日（4月30日）	106円	4.9円（うち時間的価値0.9円）
行使期日（5月29日）	104円	

　（注）　以下の仕訳例では，単純化のため，税効果の考慮は省略します。

【仕訳例】　ヘッジ会計を行わない場合（単位：千円）

①　通貨オプション契約締結日（2月28日）

（借）買建通貨オプション	38,000	（貸）未　払　金	38,000

10,000千ドル×3.8円＝38,000千円

②　オプション料支払日（3月2日）

（借）未　払　金	38,000	（貸）現　金　預　金	38,000

③　決算日（3月31日）

通貨オプションを時価評価し，評価差額を当期の損益として処理します。

（借）買建通貨オプション	33,000	（貸）為　替　差　損　益	33,000

10,000千ドル×（7.1円－3.8円）＝33,000千円

④　翌期首（4月1日）

（借）為替差損益	33,000	（貸）買建通貨オプション	33,000

⑤　輸出取引実行日（4月30日）

売上を取引時の直物為替相場により計上します。

（借）売掛金	1,060,000	（貸）売上	1,060,000

10,000千ドル×106円＝1,060,000千円

⑥　通貨オプション権利行使期日（5月29日）

（借）為替予約（資産）	60,000	（貸）買建通貨オプション	38,000
		為替差損益	22,000

10,000千ドル×（110円－104円）＝60,000千円

⑦　輸出代金入金日（5月31日）

（借）現金預金	1,100,000	（貸）売掛金	1,060,000
為替差損益	20,000	為替予約（資産）	60,000

10,000千ドル×110円＝1,100,000千円

【仕訳例】　ヘッジ会計（繰延ヘッジ）を行う場合（時間的価値を区分処理する方法）

（単位：千円）

①　通貨オプション契約締結日（2月28日）

（借）買建通貨オプション	38,000	（貸）未払金	38,000

② オプション料支払日（3月2日）

（借）未　払　金	38,000	（貸）現 金 預 金	38,000

③ 決算日（3月31日）

通貨オプションを時価評価し，評価差額のうち時間的価値の変動は為替差損益として処理し，本源的価値の変動は繰り延べます。

（借）	買 建 通 貨オ プ シ ョ ン	33,000	（貸）	繰延ヘッジ損益（純　資　産）	40,000
	為 替 差 損 益	7,000			

時間的価値の減少

　10,000千ドル×（2.8円－2.1円）＝7,000千円

本源的価値の増加

　10,000千ドル×（109円－105円）＝40,000千円

④ 翌期首（4月1日）

（借）	繰延ヘッジ損益（純　資　産）	40,000	（貸）	買 建 通 貨オ プ シ ョ ン	33,000
				為 替 差 損 益	7,000

⑤ 輸出取引実行日（4月30日）

a．売上の計上

売上を取引時の直物為替相場により計上します。

（借）売　掛　金	1,060,000	（貸）売　　　　上	1,060,000

b．通貨オプションの時価評価

通貨オプションを時価評価し，評価差額のうち時間的価値の変動は為替差損益として処理し，本源的価値の変動は繰り延べます。

（借）	買建通貨オプション	11,000	（貸）	繰延ヘッジ損益（純資産）	30,000	
	為替差損益	19,000				

オプション全体の時価の増加

10,000千ドル×（4.9円−3.8円）＝11,000千円

時間的価値の減少

10,000千ドル×（2.8円−0.9円）＝19,000千円

本源的価値の増加

10,000千ドル×（109円−106円）＝30,000千円

c．繰延ヘッジ損益の損益計上

（借）	繰延ヘッジ損益（純資産）	30,000	（貸）	売上	30,000

⑥ 通貨オプション権利行使期日（5月29日）

（借）	為替予約（資産）	60,000	（貸）	買建通貨オプション	49,000
				為替差損益	11,000

⑦ 輸出代金入金日（5月31日）

（借）	現金預金	1,100,000	（貸）	売掛金	1,060,000
	為替差損益	20,000		為替予約（資産）	60,000

【仕訳例】 ヘッジ会計（繰延ヘッジ）を行う場合 （時間的価値の区分処理を行わず一括して処理する方法）（単位：千円）

① 通貨オプション契約締結日（2月28日）

（借）	買建通貨オプション	38,000	（貸）	未払金	38,000

② オプション料支払日（3月2日）

（借）	未 払 金	38,000	（貸）	現 金 預 金	38,000

③ 期末日（3月31日）

通貨オプションを時価評価し，評価差額は繰り延べます。

（借）	買 建 通 貨 オ プ シ ョ ン	33,000	（貸）	繰延ヘッジ損益 （純 資 産）	33,000

④ 翌期首（4月1日）

（借）	繰延ヘッジ損益 （純 資 産）	33,000	（貸）	買 建 通 貨 オ プ シ ョ ン	33,000

⑤ 輸出取引実行日（4月30日）

a．売上の計上

売上を取引時の直物為替相場により計上します。

（借）	売 掛 金	1,060,000	（貸）	売 上	1,060,000

b．通貨オプションの時価評価

通貨オプションを時価評価し，評価差額は繰り延べます。

（借）	買 建 通 貨 オ プ シ ョ ン	11,000	（貸）	繰延ヘッジ損益 （純 資 産）	11,000

c．繰延ヘッジ損益の損益計上

（借）	繰延ヘッジ損益 （純 資 産）	11,000	（貸）	売 上	11,000

⑥ 通貨オプション権利行使期日（5月29日）

（借）為替予約（資産）	60,000	（貸）買建通貨オプション	49,000
		為替差損益	11,000

⑦ 輸出代金入金日（5月31日）

（借）現金預金	1,100,000	（貸）売掛金	1,060,000
為替差損益	20,000	為替予約（資産）	60,000

【仕訳例】 ヘッジ会計（振当処理）を行う場合（単位：千円）

通貨オプションは，契約締結時において権利行使が確実に行われると認められるものとします（本設例のケースが必ずしも振当処理の要件を満たしているとは限りません）。

① 通貨オプション契約締結日（2月28日）

（借）為替差損益	38,000	（貸）未払金	38,000

（注） 支払オプション料は契約締結日の属する期から決済日の属する期にわたり期間配分することが原則ですが，支払オプション料の金額に重要性がないものとし，期間配分することなく，通貨オプション契約を締結した日の属する事業年度の損益として処理することとします。

② オプション料支払日（3月2日）

（借）未払金	38,000	（貸）現金預金	38,000

③ 期末日（3月31日）

通貨オプションを時価評価し，評価差額は繰り延べます。

（借）買建通貨オプション	71,000	（貸）繰延ヘッジ損益（純資産）	71,000

10,000千ドル×7.1円＝71,000千円

④ 翌期首（4月1日）

（借）	繰延ヘッジ損益 （純 資 産）	71,000	（貸）	買 建 通 貨 オ プ シ ョ ン	71,000

⑤ 輸出取引実行日（4月30日）

売上を通貨オプションの権利行使価格により計上します。

（借）	売 掛 金	1,100,000	（貸）	売 上	1,100,000

⑥ 通貨オプション権利行使期日（5月29日）

仕訳なし

⑦ 輸出代金入金日（5月31日）

（借）	現 金 預 金	1,100,000	（貸）	売 掛 金	1,100,000

設例2　通貨オプションによる外貨建売掛金のヘッジ

【前提条件】

ヘッジ対象　　　　1月末に発生した売掛金10,000千ドル

通貨オプション　　プット・オプション10,000千ドルの購入

　　　　　　　　　契 約 締 結 日　2月28日

　　　　　　　　　行 使 価 格　1ドル＝110円

　　　　　　　　　行 使 期 日　4月28日

　　　　　　　　　オプション料　1ドル当たり3.8円

　　　　　　　　　オプション料支払日　3月2日

直物為替相場および上記通貨オプションの価格の推移

	直物為替相場	上記オプションの価格
売上取引日（1月31日）	106円	3.8円
契約締結日（2月28日）	109円	3.8円（うち時間的価値2.8円）
決 算 日（3月31日）	105円	7.1円（うち時間的価値2.1円）
行 使 期 日（4月28日）	104円	6.0円

【仕訳例】 ヘッジ会計を行わない場合（単位：千円）

① 売上取引実行日（1月31日）

売上を取引時の直物為替相場により計上します。

（借）売　掛　金　1,060,000	（貸）売　　　上　1,060,000

10,000千ドル×106円＝1,060,000千円

② 通貨オプション契約締結日（2月28日）

（借）買 建 通 貨 オ プ シ ョ ン 　38,000	（貸）未　払　金　38,000

10,000千ドル×3.8円＝38,000千円

③ オプション料支払日（3月2日）

（借）未　払　金　38,000	（貸）現　金　預　金　38,000

④ 決算日（3月31日）

a. 売掛金の換算

決算時の直物為替相場により換算します。

（借）為 替 差 損 益　10,000	（貸）売　掛　金　10,000

10,000千ドル×（106円－105円）＝10,000千円

b. 通貨オプションの時価評価

通貨オプションを時価評価し，評価差額を当期の損益として処理します。

（借）	買建通貨オプション	33,000	（貸）	為替差損益	33,000

10,000千ドル×（7.1円－3.8円）＝33,000千円

⑤　翌期首（4月1日）

（借）	為替差損益	33,000	（貸）	買建通貨オプション	33,000

⑥　通貨オプション権利行使期日（4月28日）

（借）	為替予約（資産）	60,000	（貸）	買建通貨オプション	38,000
				為替差損益	22,000

10,000千ドル×（110円－104円）＝60,000千円

⑦　売掛金入金日（4月30日）

（借）	現金預金	1,100,000	（貸）	売掛金	1,050,000
	為替差損益	10,000		為替予約（資産）	60,000

10,000千ドル×110円＝1,100,000千円

【仕訳例】　ヘッジ会計（振当処理）を行う場合（単位：千円）

　通貨オプションは，契約締結時において権利行使が確実に行われると認められるものとします（本設例のケースが必ずしも振当処理の要件を満たしているとは限りません）。

①　売上取引実行日（1月31日）

　売上を取引時の直物為替相場により計上します。

（借）	売掛金	1,060,000	（貸）	売上	1,060,000

10,000千ドル×106円＝1,060,000千円

② 通貨オプション契約締結日（2月28日）

　a．通貨オプションの計上

（借） 為 替 差 損 益	38,000	（貸） 未 払 金	38,000

　b．売掛金への通貨オプションの振当て

　　売掛金に行使価格による円換算額を付します。

（借） 売 掛 金	40,000	（貸） 為 替 差 損 益	40,000

　10,000千ドル×（110円－106円）＝40,000千円

（注） 外貨建金銭債権債務の取得時または発生時の為替相場による円換算額と行使価格による円換算額との差額から通貨オプションの契約締結時までに生じた為替相場の変動額を控除した残額および支払オプション料は契約締結日の属する期から決済日の属する期にわたり期間配分することが原則ですが，両者の金額に重要性がないものとし，期間配分することなく，通貨オプション契約を締結した日の属する事業年度の損益として処理することとしています。

③ オプション料支払日（3月2日）

（借） 未 払 金	38,000	（貸） 現 金 預 金	38,000

④ 期末日（3月31日）

仕訳なし

⑤ 通貨オプション権利行使期日（4月28日）

仕訳なし

⑥ 売掛金入金日（4月30日）

（借） 現 金 預 金	1,100,000	（貸） 売 掛 金	1,100,000

為替予約等に対するヘッジ会計の方法として，原則的処理を採用している場

198

合，ヘッジ対象である外貨建金銭債権債務等は決算時に決算時の直物為替相場で換算され，換算差損益は当期の損益計算書に計上されるため，ヘッジ手段である通貨オプションの時価評価差額の繰延処理は不要であり，結果的にヘッジ会計を行わない場合と同一の会計処理になります。

設例3　買建通貨オプションと売建通貨オプションの組み合わせによる予定取引のヘッジ

【前提条件】

ヘッジ対象　　　4月末出荷，5月末代金決済予定の製品輸出契約
　　　　　　　　契約締結日　2月28日
　　　　　　　　契約金額　10,000千ドル

通貨オプション　プット・オプションの購入およびコール・オプションの売却
　　　　　　　　金額　10,000千ドル
　　　　　　　　契約締結日　2月28日
　　　　　　　　行使価格　プット・オプション　1ドル＝104円
　　　　　　　　　　　　　コール・オプション　1ドル＝106円
　　　　　　　　行使期日　5月29日
　　　　　　　　オプション料　なし（ゼロ・コスト・オプション）

直物為替相場および上記通貨オプションの価格の推移

	直物為替相場	プット 全体	プット うち時間的価値	コール 全体	コール うち時間的価値
契約締結日（2月28日）	105円	3.8円	3.8円	3.8円	3.8円
決算日（3月31日）	110円	2.1円	2.1円	6.6円	2.6円
輸出日（4月30日）	108円	0.5円	0.5円	2.9円	0.9円
行使期日（5月29日）	107円	0.0円	―	1.0円	―

（注）以下の仕訳例では，単純化のため，税効果の考慮は省略します。

【仕訳例】 ヘッジ会計を行う場合（時間的価値を区分処理する方法）（単位：千円）

① 通貨オプション契約締結日（2月28日）

（借）	買 建 通 貨 オ プ シ ョ ン	38,000	（貸）	売 建 通 貨 オ プ シ ョ ン	38,000

　10,000千ドル×3.8円＝38,000千円

② 決算日（3月31日）

　通貨オプションを時価評価し，評価差額のうち時間的価値の変動は為替差損益として処理し，本源的価値の変動は繰り延べます。

（借）	繰延ヘッジ損益 （純 資 産）	40,000	（貸）	買 建 通 貨 オ プ シ ョ ン	17,000
	為 替 差 損 益	5,000		売 建 通 貨 オ プ シ ョ ン	28,000

　オプション全体の時価の変動
　　プット・オプション　10,000千ドル×（2.1円−3.8円）＝△17,000千円
　　コール・オプション　10,000千ドル×（6.6円−3.8円）＝28,000千円
　時間的価値の変動
　　10,000千ドル×〔（2.1円−3.8円）−（2.6円−3.8円）〕＝△5,000千円
　本源的価値の増減
　　10,000千ドル×〔（0.0円−0.0円）−（4.0円−0.0円）〕＝△40,000千円

③ 翌期首（4月1日）

（借）	買 建 通 貨 オ プ シ ョ ン	17,000	（貸）	繰延ヘッジ損益 （純 資 産）	40,000
	売 建 通 貨 オ プ シ ョ ン	28,000		為 替 差 損 益	5,000

④ 輸出取引実行日（4月30日）

　a．売上の計上

　　売上を取引時の直物為替相場により計上します。

（借）	売 掛 金	1,080,000	（貸）	売 上	1,080,000

b．通貨オプションの時価評価

　通貨オプションを時価評価し，評価差額のうち時間的価値の減少は為替差損益として処理し，本源的価値の変動は繰り延べます。

（借）	繰延ヘッジ損益 （純 資 産）	20,000	（貸）	買 建 通 貨 オ プ シ ョ ン	33,000
	売 建 通 貨 オ プ シ ョ ン	9,000			
	為 替 差 損 益	4,000			

オプション全体の時価の増減

　プット・オプション　10,000千ドル×(0.5円−3.8円)＝△33,000千円

　コール・オプション　10,000千ドル×(2.9円−3.8円)＝△9,000千円

時間的価値の増減

　10,000千ドル×〔(0.5円−3.8円)−(0.9円−3.8円)〕＝△4,000千円

本源的価値の増減

　10,000千ドル×〔(0.0円−0.0円)−(2.0円−0.0円)〕＝△20,000千円

c．繰延ヘッジ損益の損益計上

（借）	売 上	20,000	（貸）	繰延ヘッジ損益 （純 資 産）	20,000

⑤　通貨オプション権利行使期日（5月29日）

　買建プット・オプションを放棄し，売建コール・オプションが権利行使されます。

（借）	売 建 通 貨 オ プ シ ョ ン	29,000	（貸）	買 建 通 貨 オ プ シ ョ ン	5,000
				為 替 予 約（負 債）	10,000
				為 替 差 損 益	14,000

10,000千ドル×（106円－107円）＝△10,000千円

⑥ 輸出代金入金日（5月31日）

（借）	現 金 預 金	1,060,000	（貸）	売　　掛　　金	1,080,000
	為替予約（負債）	10,000			
	為 替 差 損 益	10,000			

【仕訳例】　ヘッジ会計を行う場合（時間的価値の区分処理を行わず一括して処理する
方法）（単位：千円）

① 通貨オプション契約締結日（2月28日）

| （借） | 買 建 通 貨 オ プ シ ョ ン | 38,000 | （貸） | 売 建 通 貨 オ プ シ ョ ン | 38,000 |

② 決算日（3月31日）

通貨オプションを時価評価し，評価差額は繰り延べます。

| （借） | 繰延ヘッジ損益 （純 資 産） | 45,000 | （貸） | 買 建 通 貨 オ プ シ ョ ン | 17,000 |
| | | | | 売 建 通 貨 オ プ シ ョ ン | 28,000 |

③ 翌期首（4月1日）

| （借） | 買 建 通 貨 オ プ シ ョ ン | 17,000 | （貸） | 繰延ヘッジ損益 （純 資 産） | 45,000 |
| | 売 建 通 貨 オ プ シ ョ ン | 28,000 | | | |

④ 輸出取引実行日（4月30日）

a．売上の計上

売上を取引時の直物為替相場により計上します。

| （借） 売　掛　金 | 1,080,000 | （貸） 売　　　　上 | 1,080,000 |

ｂ．通貨オプションの時価評価

通貨オプションを時価評価し，評価差額は繰り延べます。

| （借） | 繰延ヘッジ損益
（純　資　産） | 24,000 | （貸） | 買　建　通　貨
オ　プ　シ　ョ　ン | 33,000 |
| | 売　建　通　貨
オ　プ　シ　ョ　ン | 9,000 | | | |

ｃ．繰延ヘッジ損益の損益計上

| （借） 売　　　　上 | 24,000 | （貸） | 繰延ヘッジ損益
（純　資　産） | 24,000 |

⑤　通貨オプション権利行使期日（５月29日）

（借）	売　建　通　貨 オ　プ　シ　ョ　ン	29,000	（貸）	買　建　通　貨 オ　プ　シ　ョ　ン	5,000
				為替予約（負債）	10,000
				為　替　差　損　益	14,000

⑥　輸出代金入金日（５月31日）

（借）	現　金　預　金	1,080,000	（貸） 売　掛　金	1,080,000
	為替予約（負債）	10,000		
	為　替　差　損　益	10,000		

　通貨オプションに関して振当処理が認められるのは，外貨建金銭債権債務にヘッジ手段として指定された買建ての通貨オプションで，契約締結時において権利行使が確実に行われると認められるもののみであるため，売建ての通貨オプションとの組み合わせによりヘッジを行う場合には，振当処理はできません。

設例4　　債券店頭オプション（コール・オプションの購入）

【前提条件】

債券店頭オプション　コール・オプション額面1,000,000千円の購入

契約締結日　　2月28日

行使価格　　額面100円当たり101円

行使期日　　4月25日

オプション料　額面100円当たり1.5円

オプション料支払日　　3月4日

　4月25日にオプションの権利行使を行い，その他有価証券として満期まで1年超の債券を取得する。購入代金は4月30日に支払う。

　上記債券および債券店頭オプションの価格（額面100円当たり）の推移

	債券価格	上記オプションの価格
オプション締結日（2月28日）	102円	1.5円（うち時間的価値0.5円）
決算日（3月31日）	104円	3.3円（うち時間的価値0.3円）
権利行使（債券購入約定）日 （4月25日）	103円	2.0円（うち時間的価値0.0円）

　（注）　以下の仕訳例では，単純化のため，税効果の考慮は省略します。

【仕訳例】　ヘッジ会計を行わない場合　（単位：千円）

　債券店頭オプション締結時に債券の購入予定がない場合には，決算日までにオプションの権利行使をして債券を購入することを決めたとしても，ヘッジ会計の要件を満たさないため，以下の会計処理によることになります。

①　債券店頭オプション契約締結日（2月28日）

（借）	買建債券店頭オプション	15,000	（貸）	未　払　金	15,000

　1,000,000千円×1.5円/100円＝15,000千円

②　オプション料支払日（3月4日）

（借）	未　払　金	15,000	（貸）	現　金　預　金	15,000

③ 決算日（3月31日）

債券店頭オプションを時価評価し，評価差額を当期の損益として処理します。

（借）	買建債券店頭オプション	18,000	（貸）	債券店頭オプション損益	18,000

1,000,000千円×(3.3円－1.5円)/100円＝18,000千円

④ 翌期首（4月1日）

（借）	債券店頭オプション損益	18,000	（貸）	買建債券店頭オプション	18,000

⑤ 権利行使（債券購入約定）日（4月25日）

権利行使時の債券の時価を取得価額とします。

（借）	投資有価証券	1,030,000	（貸）	買建債券店頭オプション	15,000
				未　払　金	1,010,000
				債券店頭オプション損益	5,000

1,000,000千円×103円/100円＝1,030,000千円

1,000,000千円×101円/100円＝1,010,000千円

⑥ 債券購入代金支払日（4月30日）

（借）	未　払　金	1,010,000	（貸）	現　金　預　金	1,010,000

【仕訳例】 ヘッジ会計を行う場合（時間的価値を区分処理する方法）（単位：千円）

債券店頭オプション締結時に債券の購入予定があり，当該債券店頭オプションは，取得予定債券の価格変動リスクをヘッジする手段として指定されていたとします。

① 債券店頭オプション契約締結日（2月28日）

（借）	買建債券店頭オプション	15,000	（貸）	未 払 金	15,000	

② オプション料支払日（3月4日）

（借）	未 払 金	15,000	（貸）	現 金 預 金	15,000	

③ 決算日（3月31日）

債券店頭オプションを時価評価し，評価差額のうち時間的価値の変動は当期の損益として処理し，本源的価値の変動は繰り延べます。

（借）	買建債券店頭オプション	18,000	（貸）	繰延ヘッジ損益（純資産）	20,000
	債券店頭オプション損益	2,000			

時間的価値の減少

1,000,000千円×(0.5円－0.3円)/100円＝2,000千円

本源的価値の増加

1,000,000千円×(104円－102円)/100円＝20,000千円

④ 翌期首（4月1日）

（借）	繰延ヘッジ損益（純資産）	20,000	（貸）	買建債券店頭オプション	18,000
				債券店頭オプション損益	2,000

⑤ 権利行使（債券購入約定）日（4月25日）

権利行使時の債券の時価にオプション契約締結時から権利行使時までの本源的価値の変動を加減した額を債券の取得価額とします。

(借)	投資有価証券	1,030,000	(貸)	未　払　金	1,010,000
	債券店頭オプション損益	5,000		買建債券店頭オプション	15,000
				繰延ヘッジ損益（純資産）	10,000
(借)	繰延ヘッジ損益（純資産）	10,000	(貸)	投資有価証券	10,000

本源的価値の増加

　1,000,000千円×（103円−102円）/100円＝10,000千円

⑥　債券購入代金支払日（4月30日）

| (借) | 未　払　金 | 1,010,000 | (貸) | 現　金　預　金 | 1,010,000 |

【仕訳例】　ヘッジ会計を行う場合 (時間的価値の区分処理を行わず一括して処理する方法)（単位：千円）

①　債券店頭オプション契約締結日（2月28日）

| (借) | 買建債券店頭オプション | 15,000 | (貸) | 未　払　金 | 15,000 |

②　オプション料支払日（3月4日）

| (借) | 未　払　金 | 15,000 | (貸) | 現　金　預　金 | 15,000 |

③　決算日（3月31日）

債券店頭オプションを時価評価し，評価差額は繰り延べます。

| (借) | 買建債券店頭オプション | 18,000 | (貸) | 繰延ヘッジ損益（純資産） | 18,000 |

④　翌期首（4月1日）

（借）	繰延ヘッジ損益 （純　資　産）	18,000	（貸）	買建債券店頭 オ プ シ ョ ン	18,000

⑤　権利行使（債券購入約定）日（4月25日）

　　権利行使時の債券の時価にオプション契約締結時から権利行使時までのオプションの時価の変動を加減した額（＝権利行使による支払額と当初支払オプション料の合計額）を債券の取得価額とします。

（借）	投資有価証券	1,030,000	（貸）	未　　払　　金	1,010,000
				買建債券店頭 オ プ シ ョ ン	15,000
				繰延ヘッジ損益 （純　資　産）	5,000
（借）	繰延ヘッジ損益 （純　資　産）	5,000	（貸）	投 資 有 価 証 券	5,000

　　オプションの時価の増加　1,000,000千円×（2.0円−1.5円）/100円＝5,000千円

⑥　債券購入代金支払日（4月30日）

（借）	未　　払　　金	1,010,000	（貸）	現 金 預 金	1,010,000

設例5　　債券店頭オプション（プット・オプションの購入）

【前提条件】

ヘッジ対象　　　　　その他有価証券として保有している満期まで1年超の債券
　　　　　　　　　　額面　1,000,000千円
　　　　　　　　　　帳簿価額　額面100円当たり99円
債券店頭オプション　保有債券と同一銘柄のプット・オプションの購入
　　　　　　　　　　額面　1,000,000千円
　　　　　　　　　　契約締結日　2月28日
　　　　　　　　　　行使価格　額面100円当たり104円

行使期日　4月25日

オプション料　額面100円当たり1.5円

オプション料支払日　3月4日

上記債券および債券店頭オプションの価格（額面100円当たり）の推移

	債券価格	上記オプションの価格
オプション締結日（2月28日）	103円	1.5（うち時間的価値0.5円）
決算日（3月31日）	101円	3.3（うち時間的価値0.3円）
権利行使（債券売却約定）日 （4月25日）	102円	2.0（うち時間的価値0.0円）

実効税率：30%

　（注）　以下の仕訳例では，単純化のため，債券への償却原価法の適用による会計処
　　　理は省略します。

【仕訳例】　ヘッジ会計を行わない場合（単位：千円）

①　債券店頭オプション契約締結日（2月28日）

（借）買建債券店頭 オプション	15,000	（貸）未　払　金	15,000

1,000,000千円×1.5円/100円＝15,000千円

②　オプション料支払日（3月4日）

（借）未　払　金	15,000	（貸）現　金　預　金	15,000

③　決算日（3月31日）

　a．債券の時価評価

　　債券を時価評価し，評価差額から税効果額を控除した純額を純資産の部
　に計上します。

（借）投資有価証券	20,000	（貸）その他有価証券 評価差額金(純資産)	14,000
		繰延税金負債	6,000

1,000,000千円×(101円−99円)/100円＝20,000千円

20,000千円×30％＝6,000千円

ｂ．債券店頭オプションの時価評価

　　債券店頭オプションを時価評価し，評価差額を当期の損益として処理します。

（借）	買建債券店頭オプション	18,000	（貸）	債券店頭オプション損益	18,000

1,000,000千円×(3.3円−1.5円)/100円＝18,000千円

④　翌期首（4月1日）

　ａ．債券の時価評価の振戻し

（借）	その他有価証券評価差額金(純資産)	14,000	（貸）	投資有価証券	20,000
	繰延税金負債	6,000			

　ｂ．債券店頭オプションの時価評価の振戻し

（借）	債券店頭オプション損益	18,000	（貸）	買建債券店頭オプション	18,000

⑤　権利行使（債券売却約定）日（4月25日）

　　権利行使時の債券の時価により，債券売却益を計上します。

（借）	未収入金	1,040,000	（貸）	投資有価証券	990,000
				有価証券売却益	30,000
				買建債券店頭オプション	15,000
				債券店頭オプション損益	5,000

1,000,000千円×104円/100円＝1,040,000千円

1,000,000千円×(102円−99円)/100円＝30,000千円

⑥ 債券売却代金入金日（4月30日）

（借）現 金 預 金	1,040,000	（貸）未 収 入 金	1,040,000

【仕訳例】 ヘッジ会計（繰延ヘッジ）を行う場合（時間的価値を区分処理する方法）

（単位：千円）

① 債券店頭オプション契約締結日（2月28日）

（借）買 建 債 券 店 頭オ プ シ ョ ン	15,000	（貸）未 払 金	15,000

1,000,000千円×1.5円/100円＝15,000千円

② オプション料支払日（3月4日）

（借）未 払 金	15,000	（貸）現 金 預 金	15,000

③ 決算日（3月31日）

a．債券の時価評価

債券を時価評価し，評価差額から税効果額を控除した純額を純資産の部に計上します。

（借）投 資 有 価 証 券	20,000	（貸）その他有価証券評価差額金(純資産)	14,000
		繰延税金負債	6,000

b．債券店頭オプションの時価評価

債券店頭オプションを時価評価し，評価差額のうち時間的価値の変動は当期の損益として処理し，本源的価値の変動は繰り延べます。

（借）	買建債券店頭 オ プ シ ョ ン	18,000	（貸）	繰延ヘッジ損益 （純　資　産）	14,000
	債 券 店 頭 オプション損益	2,000		繰延税金負債	6,000

時間的価値の減少

1,000,000千円×(0.3円－0.5円)/100円＝△2,000千円

本源的価値の増加

1,000,000千円×(103円－101円)/100円＝20,000千円

④　翌期首（4月1日）

a．債券の時価評価の振戻し

（借）	その他有価証券 評価差額金(純資産)	14,000	（貸）	投 資 有 価 証 券	20,000
	繰 延 税 金 負 債	6,000			

b．債券店頭オプションの時価評価の振戻し

（借）	繰延ヘッジ損益 （純　資　産）	14,000	（貸）	買建債券店頭 オ プ シ ョ ン	18,000
	繰 延 税 金 負 債	6,000		債 券 店 頭 オプション損益	2,000

⑤　権利行使（債券売却約定）日（4月25日）

権利行使時の債券の時価にオプション契約締結時から権利行使時までの本源的価値の変動を加減した額により，債券売却益を計上します。

（借）	未 収 入 金	1,040,000	（貸）	投 資 有 価 証 券	990,000
	債 券 店 頭 オプション損益	5,000		有 価 証 券 売 却 益	30,000
				買 建 債 券 店 頭 オ プ シ ョ ン	15,000
				繰延ヘッジ損益 （純　資　産）	10,000

（借）	繰延ヘッジ損益 （純　資　産）	10,000	（貸）	有価証券売却益	10,000

本源的価値の増加

　1,000,000千円×（103円－102円）/100円＝10,000千円

⑥　債券売却代金入金日（4月30日）

（借）	現　金　預　金	1,040,000	（貸）	未　収　入　金	1,040,000

【仕訳例】　ヘッジ会計（繰延ヘッジ）を行う場合（時間的価値の区分処理を行わず一括して処理する方法）（単位：千円）

①　債券店頭オプション契約締結日（2月28日）

（借）	買建債券店頭 オ プ シ ョ ン	15,000	（貸）	未　払　金	15,000

　1,000,000千円×1.5円/100円＝15,000千円

②　オプション料支払日（3月4日）

（借）	未　払　金	15,000	（貸）	現　金　預　金	15,000

③　決算日（3月31日）

　a．債券の時価評価

　　債券を時価評価し，評価差額から税効果額を控除した純額を純資産の部に計上します。

（借）	投資有価証券	20,000	（貸）	その他有価証券 評価差額金(純資産)	14,000
				繰延税金負債	6,000

ｂ．債券店頭オプションの時価評価

債券店頭オプションを時価評価し，評価差額は繰り延べます。

| （借） | 買建債券店頭オプション | 18,000 | （貸） | 繰延ヘッジ損益（純資産） | 12,600 |
| | | | | 繰延税金負債 | 5,400 |

18,000千円×30％＝5,400千円

④　翌期首（４月１日）

ａ．債券の時価評価の振戻し

| （借） | その他有価証券評価差額金(純資産) | 14,000 | （貸） | 投資有価証券 | 20,000 |
| | 繰延税金負債 | 6,000 | | | |

ｂ．債券店頭オプションの時価評価の振戻し

| （借） | 繰延ヘッジ損益（純資産） | 12,600 | （貸） | 買建債券店頭オプション | 18,000 |
| | 繰延税金負債 | 5,400 | | | |

⑤　権利行使（債券売却約定）日（４月25日）

権利行使時の債券の時価にオプション契約締結時から権利行使時までのオプションの時価の変動を加減した額（＝権利行使による収入額から当初支払オプション料を控除した額）により，債券売却益を計上します。

（借）	未収入金	1,040,000	（貸）	投資有価証券	990,000
				有価証券売却益	30,000
				買建債券店頭オプション	15,000
				繰延ヘッジ損益（純資産）	5,000

| （借） | 繰延ヘッジ損益
（純　資　産） | 5,000 | （貸） | 有価証券売却益 | 5,000 |

オプションの時価の増加

1,000,000千円×（2.0円－1.5円）/100円＝5,000千円

⑥　債券売却代金入金日（4月30日）

| （借） | 現　金　預　金 | 1,040,000 | （貸） | 未　収　入　金 | 1,040,000 |

【仕訳例】　ヘッジ会計（時価ヘッジ）を行う場合（単位：千円）

①　債券店頭オプション契約締結日（2月28日）

| （借） | 買建債券店頭
オ プ シ ョ ン | 15,000 | （貸） | 未　　払　　金 | 15,000 |

1,000,000千円×1.5円/100円＝15,000千円

②　オプション料支払日（3月4日）

| （借） | 未　　払　　金 | 15,000 | （貸） | 現　金　預　金 | 15,000 |

③　決算日（3月31日）

　a．債券店頭オプションの時価評価

　　債券店頭オプションを時価評価し，評価差額を当期の損益として処理します。

| （借） | 買建債券店頭
オ プ シ ョ ン | 18,000 | （貸） | 債　券　店　頭
オプション損益 | 18,000 |

　b．債券の時価評価

　　債券を時価評価し，ヘッジ取引開始時までの評価差額から税効果額を控除した純額を純資産の部に計上し，ヘッジ取引開始後の評価差額を当期の

損益として処理します。

（借）	投 資 有 価 証 券	20,000	（貸）	その他有価証券 評価差額金(純資産)	28,000
	その他有価証券 評 価 損 益	20,000		繰 延 税 金 負 債	12,000

1,000,000千円×(103円－99円)/100円＝40,000千円

40,000千円×30％＝12,000千円

1,000,000千円×(101円－103円)/100円＝△20,000千円

④　翌期首（4月1日）

a．債券店頭オプションの時価評価の振戻し

（借）	債 券 店 頭 オプション損益	18,000	（貸）	買 建 債 券 店 頭 オ プ シ ョ ン	18,000

b．債券の時価評価の振戻し

（借）	その他有価証券 評価差額金(純資産)	28,000	（貸）	投 資 有 価 証 券	20,000
	繰 延 税 金 負 債	12,000		その他有価証券 評 価 損 益	20,000

⑤　権利行使（債券売却約定）日（4月25日）

権利行使時の債券の時価により，債券売却損益を計上します。

（借）	未 収 入 金	1,040,000	（貸）	投 資 有 価 証 券	990,000
				有価証券売却益	35,000
				買 建 債 券 店 頭 オ プ シ ョ ン	15,000

⑥　債券売却代金入金日（4月30日）

（借）	現 金 預 金	1,040,000	（貸）	未 収 入 金	1,040,000

設例6　　株価指数オプション

【前提条件】

（各ケース共通）

3月1日	行使価格15,000円の株価指数コール・オプションを10単位（1単位当たり1,000円）売り建てた。
3月2日	オプション料9,000千円（900円×1,000円×10単位）を受け取った。
3月31日（決算日）	上記の株価指数オプションの価格は1,200円であった。

（ケース1）

4月30日	上記のオプション価格が500円となり，オプションの買戻しを行った。
5月1日	買戻しに係るオプション料を支払った。

（ケース2）

5月10日	最終清算指数は，16,000円であり，権利行使を受けた。
5月13日	決済差金を支払った。

（ケース3）

5月10日	最終清算指数は，14,000円であり，権利行使は行われなかった。

【仕訳例】（単位：千円）

① 株価指数オプション売建約定日（3月1日）

（借）未 収 入 金	9,000	（貸）売建株価指数オプション	9,000

② オプション料受領日（3月2日）

（借）現 金 預 金	9,000	（貸）未 収 入 金	9,000

③ 決算日（3月31日）

　株価指数オプションを時価評価し，評価差額を当期の損益として処理します。

| （借） | 株 価 指 数オプション損益 | 3,000 | （貸） | 売建株価指数オ プ シ ョ ン | 3,000 |

（900円－1,200円）×1,000×10＝△3,000千円

④　翌期首（4月1日）

| （借） | 売建株価指数オ プ シ ョ ン | 3,000 | （貸） | 株 価 指 数オプション損益 | 3,000 |

（ケース1）

⑤　買戻し約定日（4月30日）

| （借） | 売建株価指数オ プ シ ョ ン | 9,000 | （貸） | 未 払 金 | 5,000 |
| | | | | 株 価 指 数オプション損益 | 4,000 |

500円×1,000×10＝5,000千円

⑥　買戻しにかかるオプション料支払日（5月1日）

| （借） | 未 払 金 | 5,000 | （貸） | 現 金 預 金 | 5,000 |

（ケース2）

⑤　権利行使日（5月10日）

| （借） | 売建株価指数オ プ シ ョ ン | 9,000 | （貸） | 未 払 金 | 10,000 |
| | 株 価 指 数オプション損益 | 1,000 | | | |

（16,000円－15,000円）×1,000×10＝10,000千円

⑥　決済日（5月13日）

| （借） | 未 払 金 | 10,000 | （貸） | 現 金 預 金 | 10,000 |

（ケース3）

⑤　権利行使日（5月10日）

（借）	売建株価指数オプション	9,000	（貸）	株価指数オプション損益	9,000

設例7　スワップションによるヘッジ取引

【前提条件】

1．スワップションの条件等

オプション期間	6ヵ月	
約 定 日	X1年1月1日	
オプション料	0.73％（約定時一括）	
権利行使日	X1年6月29日	
金利スワップ条件	想定元本	5億円
	期　　間	2年（X1年7月1日から X3年6月30日）
	固定金利支払	A 社
	変動金利支払	X 銀行
	固定金利	年2.92％（365日ベース，後払い）
	変動金利	6ヵ月円 TIBOR＋0.20％
		（実日数/360日ベース，後払い）
		金利決定日：6月29日（金利計算期間7月1日から12月31日，12月31日支払い）
		金利決定日：12月30日（金利計算期間1月1日から7月31日，7月31日支払い）
その　他		スワップションの取引目的は，今後の金利上昇が見込まれることから，X1年7月1日に実行する予定の借入金の金利変動リスクの回避を目的としたものとします。

2．借入金の条件等

借入総額	5億円

期　　　間	X1年 7 月 1 日から X3年 6 月30日（期間 2 年）
金　　　利	6 ヵ月円 TIBOR＋0.20%(実日数/360日ベース, 後払い)
	金利決定日： 6 月29日（金利計算期間 7 月 1 日から12月 31日，12月31日支払い）
	金利決定日：12月30日（金利計算期間 1 月 1 日から 7 月 31日， 7 月31日支払い）

3 ．決 算 日　 3 月31日
4 ．そ の 他

スワップション	X1年 3 月31日の時価　4,000千円
	権利行使日の固定金利　3.50%
6 ヵ月 TIBOR の 状況	X1年 6 月29日　2.50%　　　X2年 6 月29日　2.86%
	X1年12月30日　2.68%　　　X2年12月30日　2.95%
金利スワップ	X1年 6 月29日の時価　4,500千円
	X2年 3 月31日の時価　4,100千円
	X3年 3 月31日の時価　2,500千円

　ヘッジ会計の適用要件は満たしているものと仮定します。

　（注）　以下の仕訳例では，単純化のため，税効果の考慮は省略します。

【仕訳例】（単位：千円）

①　スワップション締結日（X1年 1 月 1 日）

（借）買　　　建 スワップション	3,650	（貸）現 金 預 金	3,650

500,000×0.73%＝3,650

②　決算日（X1年 3 月31日）

（借）買　　　建 スワップション	350	（貸）繰延ヘッジ損益 （純 資 産）	350

4,000－3,650＝350

③　期首（X1年 4 月 1 日）

　スワップションの時価評価の戻し処理

| （借） | 繰延ヘッジ損益
（純　資　産） | 350 | （貸） | 買　　　建
スワップション | 350 |

④　スワップション権利行使日（X1年 6 月29日）

| （借） | 繰延ヘッジ損益
（純　資　産） | 3,650 | （貸） | 買　　　建
スワップション | 3,650 |

　　権利行使日の固定金利が3.50％であったためスワップションの権利行使を行い，金利スワップ取引を開始します。スワップションの取得原価（オプション料）は，純資産の部において繰延ヘッジ損益として繰り延べます。

⑤　借入実行日（X1年 7 月 1 日）

| （借） | 現　金　預　金 | 500,000 | （貸） | 長　期　借　入　金 | 500,000 |

⑥　借入金利息支払日（X1年12月31日）

　ａ．借入金利息の支払い

| （借） | 支　払　利　息 | 6,900 | （貸） | 現　金　預　金 | 6,900 |

$500,000 \times (2.50 + 0.20)\% \times 184/360 = 6,900$

　ｂ．金利スワップ利息の決済

| （借） | 繰延ヘッジ損益
（純　資　産） | 460 | （貸） | 現　金　預　金 | 460 |

$500,000 \times 2.92\% \times 184/365 (= 7,360) - 500,000 \times (2.50 + 0.20)\% \times 184/360 (= 6,900) = 460$

　ｃ．繰延ヘッジ損益の損益計上

| （借） | 支　払　利　息 | 1,380 | （貸） | 繰延ヘッジ損益
（純　資　産） | 1,380 |

スワップションのオプション料の期間配分額

$3,650 \times 184/(365 \times 2) = 920$

　金利スワップ利息の純支払額460千円との合計1,380千円を支払利息として計上します。

⑦　決算日（X2年3月31日）

　a．借入金利息にかかる未払利息の認識

（借）支　払　利　息	3,600	（貸）未　払　費　用	3,600

$500,000 \times (2.68 + 0.20)\% \times 90/360 = 3,600$

　b．金利スワップの時価評価

（借）金利スワップ （資　　　産）	4,100	（貸）繰延ヘッジ損益 （純　資　産）	4,100

　c．繰延ヘッジ損益の損益計上

（借）支　払　利　息	450	（貸）繰延ヘッジ損益 （純　資　産）	450

スワップションのオプション料の期間配分額

$3,650 \times 90/(365 \times 2) = 450$

金利スワップ利息の期間配分額

$500,000 \times (2.68 + 0.20)\% \times 90/360 (= 3,600) - 500,000 \times 2.92\% \times 90/365 (= 3,600) = 0$

$450 - 0 = 450$

　金利スワップの評価差額を繰延ヘッジ損益として繰り延べます。

⑧　期首（X2年4月1日）

　金利スワップの時価評価の戻し処理

（借）繰延ヘッジ損益 （純　資　産）	4,100	（貸）金利スワップ （資　　　産）	4,100

⑨　借入金利息支払日（X2年12月31日）

　　前記⑥と同様の処理を行います。

⑩　決算日（X3年3月31日）

　　ａ．借入金利息にかかる未払利息の認識

（借）　支　払　利　息　　3,937.5	（貸）　未　払　費　用　　3,937.5

　　$500,000 \times (2.95 + 0.20)\% \times 90/360 = 3,937.5$

　　ｂ．金利スワップの時価評価

（借）　金利スワップ 　　　　（資　　　産）　　2,500	（貸）　繰延ヘッジ損益 　　　　（純　資　産）　　2,500

　　ｃ．繰延ヘッジ損益の損益計上

（借）　支　払　利　息　　112.5	（貸）　繰延ヘッジ損益 　　　　（純　資　産）　　112.5

　　スワップションのオプション料の期間配分額

　　$3,650 \times 90/(365 \times 2) = 450$

　　金利スワップ利息の期間配分額

　　$500,000 \times (2.95 + 0.20)\% \times 90/360 (= 3,937.5) - 500,000 \times 2.92\% \times 90/365 (= 3,600) = 337.5$

　　$450 - 337.5 = 112.5$

　　ｄ．長期借入金の流動負債への振替え

（借）　長　期　借　入　金　　500,000	（貸）　1年以内返済予定 　　　　長　期　借　入　金　　500,000

　　　借入金返済期限が，X3年6月30日のため長期借入金を固定負債から流動負債に振り替えます。

⑪　期首（X3年4月1日）

　　前記⑧と同様の処理を行います。

⑫ 借入金返済日

a．借入金利息の支払い，金利スワップ利息の決済および繰延ヘッジ損益の損益計上

前記⑥と同様の処理を行います。

b．借入金の返済

（借）	1年内返済予定 長 期 借 入 金	500,000	（貸）	現 金 預 金	500,000

設例8　新株予約権

【前提条件】

発行する新株予約権	100個
新株予約権の発行価額	1個当たり50千円
新株予約権の保有目的区分	その他有価証券
権利行使価格	1株500円
権利行使時の払込金額	10,000千円

取得者は，新株予約権をその他有価証券に分類します。

発行者は，権利行使時には新株を発行し，払込金額はすべて資本金とします。

（注）　新株予約権は，「市場価格のない株式等」（金融商品会計基準第19項参照）ではないため，取得者は，新株予約権が市場において取引されているか否かにかかわらず決算日に時価評価する必要がありますが，当該仕訳は省略しています。

【仕訳例（共通）】（単位：千円）

① 新株予約権の発行時

a．発行者

（借）	現 金 預 金	5,000	（貸）	新 株 予 約 権	5,000

50千円×100個＝5,000千円

ｂ．取得者

（借）	その他有価証券 （新株予約権）	5,000	（貸）　現　金　預　金	5,000

【仕訳例（ケース１）】

② 権利行使時の会計処理

　株価が600円となったため，新株予約権の取得者はすべて権利を行使した。

ａ．発行者

（借）　現　金　預　金	10,000	（貸）　資　本　金	15,000
新　株　予　約　権	5,000		

ｂ．取得者

（借）	その他有価証券 （株　　　式）	15,000	（貸）　現　金　預　金	10,000
			その他有価証券 （新株予約権）	5,000

　新株予約権をその他有価証券として保有していたため，権利行使時の時価ではなく，帳簿価額（取得原価）5,000千円と払込金額10,000千円の合計額を株式に振り替えています。

【仕訳例（ケース２）】

② 権利失効時の会計処理

　株価が低迷し，権利行使をしないまま権利行使期間が終了した。

ａ．発行者

（借）　新　株　予　約　権	5,000	（貸）　特　別　利　益	5,000

　失効した金額を，失効が確定した会計期間の利益（原則として特別利益）とし

て計上します。

b．取得者

（借）特　別　損　失	5,000	（貸）その他有価証券 （新株予約権）	5,000

失効した新株予約権の帳簿価額を当期の損失として処理します。

---

5 ── 複合金融商品

(1)　複合金融商品の種類

　以上まででデリバティブ取引の主要商品の説明を行ってきました。しかし，デリバティブ取引は，単独の契約としてだけではなく，現物の金融資産あるいは金融負債と組み合わされた複合金融商品という形で存在する場合があります。

　複合金融商品について，金融商品会計基準では，払込資本を増加させる可能性のある部分を含む複合金融商品とその他の複合金融商品に区別して，それぞれ処理方法を定めています。前者には，新株予約権付社債が該当します。後者には，金利オプション付借入金のように現物の金融資産または金融負債とデリバティブ取引（**組込デリバティブ**）が組み合わされたものおよびスワップションやキャップ等のように複数のデリバティブ取引が組み合わされたものが該当します。

　このうち，複数のデリバティブ取引が組み合わされたものについては，単独のデリバティブ取引と同様の会計処理が適用されます。

　金融商品会計基準の適用指針としては，新株予約権付社債等適用指針およびその他複合金融商品適用指針があります。まず，新株予約権付社債等適用指針が適用される新株予約権付社債について説明します。そして次に，その他複合金融商品適用指針が適用される現物の金融資産または金融負債とデリバティブ取引が組み合わされたもの（以下「デリバティブ組込金融商品」といいます）

について説明します。デリバティブ組込金融商品の例としては，キャップ付ロー
ン，通貨オプション付外貨定期預金，物価連動国債，クレジット・リンク債，
エクイティ・リンク債，他社株転換社債などが挙げられます。

⑵　新株予約権付社債

　新株予約権付社債は，新株予約権を付した社債です（会社法第2条第22号）。新
株予約権付社債には転換社債型の新株予約権付社債とその他の新株予約権付社
債があり，その会計処理について，以下の2つの方法が新株予約権付社債等適
用指針に規定されています（新株予約権付社債等適用指針第18項および第20項から
第22項）。

- 一括法…転換社債型新株予約権付社債の発行に伴う払込金額（または取得
　　　価額）を，社債の対価部分と新株予約権の対価部分に区分せず，普
　　　通社債の発行（または取得）に準じて処理する方法
- 区分法…転換社債型新株予約権付社債の発行に伴う払込金額（または取得
　　　価額）を，社債の対価部分と新株予約権の対価部分に区分したうえ
　　　で，社債の対価部分は普通社債の発行（または取得）に準じて処理
　　　し，新株予約権の対価部分は新株予約権の発行（または取得）に準
　　　じて処理する方法

　転換社債型新株予約権付社債は，発行者側は一括法と区分法を選択適用して
会計処理を行う（新株予約権付社債等適用指針第18項）一方，取得者側の会計処理
は一括法のみとなります（新株予約権付社債等適用指針第20項）。権利行使時に
は，発行者側は一括法を採用する場合には転換社債型新株予約権付社債の帳簿
価額を払込資本（資本金，または，資本金および資本準備金。以下同じ）に，
区分法を採用する場合には社債の対価部分（帳簿価額）と新株予約権の対価部
分（帳簿価額）の合計額を払込資本に振り替えます（新株予約権付社債等適用指
針第19項）。取得者側は転換社債型新株予約権付社債の取得価額を株式に振り替
えます（新株予約権付社債等適用指針第20項）。

　その他の新株予約権付社債は，発行者側も取得者側も区分法によって会計処

理を行います(新株予約権付社債等適用指針第21項本文および第22項)。権利行使時には,発行者側は転換社債型新株予約権付社債の区分法を採用した場合と同様の会計処理を行います(新株予約権付社債等適用指針第21項また書き)。取得者側は新株予約権の対価部分を新株予約権の取得者側の会計処理に準じ,当該新株予約権の保有目的区分に応じて,売買目的有価証券の場合には権利行使時の時価で,その他有価証券の場合には帳簿価額で株式に振り替えます(新株予約権付社債等適用指針第8項)。社債と新株予約権を同時に募集し,かつ,両者を同時に割り当てる場合も,その他の新株予約権付社債と同様に,発行者側および取得者側ともに区分法によって会計処理を行います(新株予約権付社債等適用指針第28項)。

(3)　代表的なデリバティブ組込金融商品の概要

①　キャップ付ローン

　キャップ付ローンは,変動金利の金銭消費貸借契約ですが,基準となる金利が上昇した場合でも,あらかじめ定めた上限金利以上にはならないという特約が付されたものです。その名のとおり,キャップ取引が組み込まれており,借り手は資金を借りると同時に,上限金利を基準金利とするキャップを購入していることになります。キャップ料(オプション料)が金利に織り込まれているため,他の条件が同一の変動金利金銭消費貸借の金利よりも高い金利が適用されます。

②　通貨オプション付外貨定期預金

　通貨オプション付外貨定期預金は,預入時に一定の為替相場(基準相場)を取り決めておき,判定日(通常は満期日の2営業日前)の為替相場が基準相場よりも円安の場合,満期日に元利金が円貨で受け取れ,同一または円高の場合は,満期日に元利金が外貨で受け取れるという特約が付された外貨預金です。預金者は,外貨預金を預入すると同時に,基準相場を行使価格とする通貨オプションを売却していることになります。オプション料が金利に上乗せされるた

め，外貨での利回りは他の条件が同一の外貨預金より高くなりますが，円安となった場合に得られるはずの為替差益は限定され，円高となった場合に為替差損をこうむるリスクは通常の外貨預金と変わりません。

③　物価連動国債

物価連動国債は，元金額が物価の動向に連動して増減する固定利付国債です。物価連動国債の発行後に物価が上昇すれば，その上昇率に応じて元金が増加し，利子は，当該元金に表面利率を乗じて算出されます。つまり，国債保有者は，物価が上昇すれば，得られる元利金が当初の元金とそれに基づく利子より多くなり，物価が下落すれば，得られる元利金が当初の元金とそれに基づく利子より少なくなります。物価連動国債は，固定利付国債に，物価指数スワップが組み込まれた金融商品です。

④　クレジット・リンク債

クレジット・リンク債は，普通社債の償還条件に，その発行体〔多くの場合は特別目的会社です〕以外の特定の第三者の信用リスクを付加したものです。つまり，当該普通社債の発行体の元利金償還能力には問題がなくても，あらかじめ特定した第三者が倒産するなどした場合には，その後の元利金の償還はなされないという特約が付された社債です。クレジット・リンク債には，**クレジット・デリバティブ**が組み込まれています。クレジット・デリバティブにおいては，クレジット・リスクの出し手と取り手が存在し，出し手が取り手に対してプレミアムを支払います。したがって，クレジット・リンク債は，当該プレミアムの分だけ他の条件が同一の普通社債と比較して利回りが高くなります。

⑤　エクイティ・リンク債

エクイティ・リンク債は，個別の株式やある特定の株価指数，あるいは株式バスケットの値動きに応じて利回りや償還金額が決まる債券です。典型的なエクイティ・リンク債は，株式指数等のプット・オプションの売りが組み込まれ

ており，当該オプションの受取オプション料の分だけ，他の条件が同一の債券と比較して利回りが高くなります。その反面，株価が下落した場合には，元本償還額が額面を割ってしまう可能性があり，プット・オプションを売っているため，株価が上昇した場合に得られる利益も限定されます。

なお，エクイティ・リンク債には，株価指数等の変動によってオプションが発生したり，消滅したりする条件を付したものなど，さまざまなものがあります。

⑥ 他社株転換社債

他社株転換社債は，その発行体以外の特定の他社株式を指定し，償還時の当該株式の株価が基準価格を上回った場合には，現金で償還され，下回った場合には，当該株式の現物で償還されるという特約が付された債券です。他社株転換社債には，対象株式のプット・オプションの売りが組み込まれており，当該オプションの受取オプション料の分だけ，他の条件が同一の債券と比較して利回りが高くなります。その反面，対象株式の株価が下落した場合には，時価より高い価格で対象株式を購入するのと同じことになります。

なお，エクイティ・リンク債同様，対象株式の株価の変動によってオプションが発生したり，消滅したりする条件を付したものなど，さまざまなものがあります。

(4) デリバティブ組込金融商品の会計処理

① デリバティブ組込金融商品の一体処理（原則的処理）

デリバティブ組込金融商品を構成する複数種類の金融資産または金融負債は，それぞれ独立して存在し得ますが，複合金融商品からもたらされるキャッシュ・フローは一体となって正味で発生します。このため，資金の運用・調達の実態を財務諸表に適切に反映させるという観点から，原則として，複合金融商品を構成する個々の金融資産または金融負債を区分せず一体として処理することとされています（金融商品会計基準第40項および第117項）。

②　組込デリバティブの区分処理

　金融商品会計基準第117項ただし書きでは，「通貨オプションが組み合わされた円建借入金のように，現物の金融資産又は金融負債にリスクが及ぶ可能性がある場合に，当該複合金融商品の評価差額が損益に反映されないときには，当該複合金融商品を構成する個々の金融資産又は金融負債を区分して処理することが必要である。」とされています。

　これに関して，その他複合金融商品適用指針第3項では，次の3つの要件をすべて満たした場合，複合金融商品に組み込まれたデリバティブを組込対象である金融資産または金融負債とは区分して時価評価し，評価差額を当期の損益として処理することを定めています。

　a　組込デリバティブのリスクが現物の金融資産または金融負債に及ぶ可能性があること

　b　組込デリバティブと同一条件の独立したデリバティブが，デリバティブの特徴を満たすこと

　c　当該複合金融商品について，時価の変動による評価差額が当期の損益に反映されないこと

　なお，区分処理した組込デリバティブの損益または評価差額は，組み込まれた金融資産または金融負債から生じた損益とは区分して表示します（その他複合金融商品適用指針第8項）。

③　組込デリバティブのリスクが現物の金融資産または金融負債に及ぶ場合

　組込デリバティブのリスクが現物の金融資産または金融負債に及ぶとは，利付金融資産または金融負債の場合，原則として，組込デリバティブのリスクにより現物の金融資産の当初元本が減少または金融負債の当初元本が増加もしくは当該金融負債の金利が債務者にとって契約当初の市場金利の2倍以上になる可能性があることをいいます。金利が契約当初の市場金利の2倍以上になるとは，たとえば，固定金利の場合，その当初金利の5％に対して実際の支払金利が10％以上となり，変動金利の場合，その当初計算式「TIBOR＋0.5」に対し

て実際の支払金利が当初計算式に2を乗じたもの「(TIBOR＋0.5)×2」を適用して計算される金額以上となる場合をいいます（その他複合金融商品適用指針第5項）。

　なお，預金，債券，貸付金，借入金およびこれらに類する契約の中に，その経済的性格およびリスクが，組み込まれた現物の金融資産または金融負債の経済的性格およびリスクと緊密な関係にあるデリバティブが組み込まれている場合，契約上，当初元本を毀損する可能性があっても，組込デリバティブのリスクが現物の金融資産または金融負債の当初元本に及ぶ可能性が低いといえるものについては，組込デリバティブのリスクが現物の金融資産または金融負債に及ぶ可能性はないものとして取り扱うこととされています。また，第三者の信用リスクにかかるデリバティブが組み込まれている複合金融商品が，実質的に参照先である第三者の信用リスクを反映した利付金融資産と考えることができる場合において，当該組込デリバティブのリスクが現物の金融資産の当初元本に及ぶ可能性が低いといえるものについては，組込デリバティブのリスクが現物の金融資産に及ぶ可能性はないものとして取り扱うこととされています（その他複合金融商品適用指針第6項）。その経済的性格およびリスクが，組み込まれた現物の金融資産または金融負債の経済的性格およびリスクと緊密な関係にあるデリバティブとして，以下のものが挙げられています。

　a　当該契約と同一通貨である金利にかかるデリバティブ

　b　当該契約と同一通貨である物価指数にかかるデリバティブ

　c　当該契約と同一通貨である債務者自身の信用リスクにかかるデリバティブ

　具体的には，日本国政府によって発行されている物価連動国債は，これまでの消費者物価指数の動向等を踏まえると，一般に，組込デリバティブのリスクが当初元本に及ぶ可能性は低いと考えられています。また，特別目的会社が高い信用力を有する利付金融資産を裏付けにして当該特別目的会社以外の参照先の信用リスクにかかるデリバティブを組み込むことによって組成された複合金融商品（たとえば，クレジット・リンク債やシンセティック債務担保証券）についても，当該複合金融商品全体の信用リスクが高くない場合，組込デリバティ

ブのリスクが現物の金融資産の当初元本に及ぶ可能性は低いと考えられています。

　なお，当該複合金融商品を，満期保有目的の債券やその他有価証券として処理した場合において，もはや信用リスクが高くないとはいえなくなったときには，その時点の時価を新たな取得原価として上記の❷または下記の❺に示す会計処理を適用します。この場合，当該時点における評価差額については，その全額を当期の損益としますが，その他複合金融商品適用指針適用後，上記の❷を適用することとなる場合には，信用リスクに起因する評価差額のみを当期の損益とすることができます（その他複合金融商品適用指針第27項）。

④　損益を調整する複合金融商品

　非上場（店頭）デリバティブは，契約当事者の合意によりキャッシュ・フローを調整することが可能です。したがって，デリバティブを現物金融商品に組み込むことにより，デリバティブで得た収益を毎期の利払いに含めず，後で一括して授受するスキームまたは複数年に1回しか利払いがないスキーム等，損益を調整する複合金融商品を創り出すことができます。そのため，その他複合金融商品適用指針第7項では，このような複合金融商品については，組込デリバティブのリスクが現物の金融資産または金融負債に及ぶ可能性がない場合であっても，組込デリバティブを区分処理することとしています。

　たとえば，デリバティブを組み込むことにより，現物の金融資産の期間の前半に金利収入（キャッシュ・インフロー）が相対的に多くなるような商品や現物の金融負債の期間の後半に金利支払（キャッシュ・アウトフロー）を相対的に抑えるような商品は，たとえ，現物の金融資産の元本減少あるいは金融負債の元本増加となる可能性がなくても区分処理を行う必要があります。

⑤　組込デリバティブを区分して測定することができない場合

　上記❷により区分処理を行うべき複合金融商品について，当該複合金融商品の時価は測定できるものの，組込デリバティブを合理的に区分して測定するこ

とができない場合もあります。そのような場合には，当該複合金融商品全体を時価評価し，評価差額を当期の損益に計上することになります（その他複合金融商品適用指針第9項）。

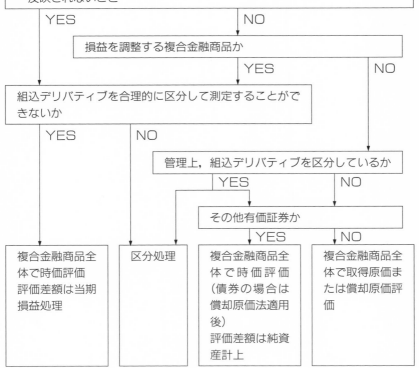

図表 4 - 5 - 1　デリバティブ組込金融商品の会計処理

以下のすべての要件を満たすか
a　組込デリバティブのリスクが現物の金融資産または金融負債に及ぶ可能性があること
b　組込デリバティブと同一条件の独立したデリバティブが，デリバティブの特徴を満たすこと
c　当該複合金融商品について，時価の変動による評価差額が当期の損益に反映されないこと

YES　　　　NO

損益を調整する複合金融商品か

YES　　　　NO

組込デリバティブを合理的に区分して測定することができないか

YES　　　NO

管理上，組込デリバティブを区分しているか

YES　　　NO

その他有価証券か

YES　　　NO

複合金融商品全体で時価評価 評価差額は当期損益処理

区分処理

複合金融商品全体で時価評価（債券の場合は償却原価法適用後）評価差額は純資産計上

複合金融商品全体で取得原価または償却原価評価

⑥　管理上組込デリバティブを区分している場合

前記②の要件aまたはcを満たさない場合でも，管理上，組込デリバティブを区分しているときは，区分処理することができます（その他複合金融商品適用指針第4項）。これは，金融機関のように，経営上，複合金融商品を構成する個々の金融資産または金融負債を継続して区分して管理しており，投資情報としても区分して処理することが経営の実態を表すうえで有用な場合には，区分して処理することも認められることとしたものです（金融商品会計基準第118項）。

⑤　設例による仕訳例

設例 1	デリバティブ組込金融商品の一体処理（金利キャップ特約付借入金）

【前提条件】

1．キャップ特約付借入金の条件等

借入金額	10億円
期　間	X1年1月1日からX2年12月31日（2年）
返済条件	期限一括
利率および利払い	6ヵ月日本円TIBOR（以下「円TIBOR」）+0.50%（実日数/365日ベース，後払い）
	金利決定日：6月29日（金利計算期間7月1日から12月31日，12月31日支払い）
	金利決定日：12月30日（金利計算期間1月1日から6月30日，6月30日支払い）
キャップ（買）条件	基準金利　6ヵ月円TIBOR
	キャップ金利　0.18%
	金利更改日　6月29日，12月30日
	キャップ料（支払）　借入金利に加算されている
契約期間における6ヵ月円TIBOR	X0年12月31日　0.15%　　X1年12月31日　0.27%
	X1年6月29日　0.20%　　X2年6月29日　0.16%
その他	当該借入金には，借入元本の増加および借入金利が上昇するような条件は付されていない。

2．決算日　3月31日

3．当該借入金には，キャップ（買）が組み込まれていますが，借入元本の増加や借入金利上昇の条件が付されていないため，一体処理を行うことが可能と判断されました。

【仕訳例】 （単位：千円）

① 借入実行日（X1年1月1日）

（借）現 金 預 金 1,000,000	（貸）長 期 借 入 金 1,000,000

② 決算日（X1年3月31日）

借入金未払利息の計上

（借）支 払 利 息 1,602	（貸）未 払 費 用 1,602

$1,000,000 \times (0.15+0.5)\% \times 90/365 = 1,602$

③ 借入金利息支払日（X1年6月30日）

（借）支 払 利 息 1,621 未 払 費 用 1,602	（貸）現 金 預 金 3,223

$1,000,000 \times (0.15+0.5)\% \times 181/365 = 3,223$

④ 借入金利息支払日（X1年12月31日）

（借）支 払 利 息 3,428	（貸）現 金 預 金 3,428

$1,000,000 \times (0.18+0.50)\% \times 184/365 = 3,428$

　X1年6月29日の6ヵ月円TIBORが0.20％で，キャップ金利0.18％を上回るため適用金利は（0.18+0.50）％となります。

⑤ 決算日（X2年3月31日）

a．借入金未払利息の計上

（借）支 払 利 息 1,676	（貸）未 払 費 用 1,676

$1,000,000 \times (0.18 + 0.50)\% \times 90/365 = 1,676$

　X1年12月31日の 6 ヵ月円 TIBOR が0.27％で，キャップ金利0.18％を上回るため適用金利は（0.18＋0.50）％となります。

ｂ．長期借入金の流動負債への振替え

（借）　長 期 借 入 金　1,000,000	（貸）　1 年内返済予定 長 期 借 入 金　1,000,000

　借入金返済期限が X2年12月31日のため，長期借入金を固定負債から流動負債に振り替えます。

⑥　借入金利息の支払い（X2年 6 月30日）

（借）　支 払 利 息　　　1,696 　　　　未 払 費 用　　　1,676	（貸）　現 金 預 金　　　3,372

$1,000,000 \times (0.18 + 0.5)\% \times 181/365 = 3,372$

　X1年12月31日の 6 ヵ月円 TIBOR が0.27％で，キャップ金利0.18％を上回るため適用金利は（0.18＋0.50）％となります。

⑦　借入金返済日

ａ．借入金利息の支払い

（借）　支 払 利 息　　　3,327	（貸）　現 金 預 金　　　3,327

$1,000,000 \times (0.16 + 0.5)\% \times 184/365 = 3,327$

ｂ．借入金の返済

（借）　1 年内返済予定 　　　　長 期 借 入 金　1,000,000	（貸）　現 金 預 金　1,000,000

設例2　**組込デリバティブの区分処理（エクイティ・リンク債）**

【前提条件】

1．取得債券の内容

取得価額	3億円（発行と同時に額面で購入）
期　　間	X1年3月1日からX1年8月31日（6ヵ月）
利　　率	年5.4%
利 払 日	X1年8月31日
対象平均株価	日経平均株価指数
権利行使価格	25,000円
権利行使日	X1年8月24日（償還日の5営業日前）
償還価格	権利行使日の終値 ≦ 25,000円　額面償還
	権利行使日の終値 ＞ 25,000円　計算式による償還率

$$償還率＝100\%×\left(1-\frac{権利行使日の終値-25,000円}{25,000円}\right)$$

2．決算日　3月31日

3．当該債券は，株価指数（コール）オプションの売りが組み込まれた商品であり，元本割れ償還の可能性があることから，区分処理が必要であるため，調査したところ以下の情報が入手できました。

オプションが組み込まれていない債券の利率　　　1.5%

株価指数オプションの売建てにかかるオプション料　5,980千円

X1年3月31日時価

　オプションが組み込まれていない債券：3億円

　株価指数オプション：7,500千円

【仕訳例】（単位：千円）

① 有価証券購入日（X1年3月1日）

　a．有価証券の購入

（借） 有 価 証 券	300,000	（貸） 現 金 預 金	300,000

（注）　単純化のため，約定日基準ではなく，受渡日基準の処理としています。

ｂ．株価指数オプションの区分処理

(借) 未 収 入 金	5,980	(貸) 株 価 指 数 オ プ シ ョ ン	5,980

$300,000 \times (5.4-1.5)\% \times 184/360 = 5,980$

　株価指数オプションの売りが組み込まれており，元本割れ償還の可能性があるため，区分処理の必要があります。

② 決算時（X1年3月31日）

ａ．有価証券未収利息の計上

(借) 未 収 収 益	387.5	(貸) 有 価 証 券 利 息	387.5

$300,000 \times 1.5\% \times 31/360 = 387.5$

ｂ．有価証券の時価評価

仕訳なし

　X1年3月31日の時価は取得原価と同じであるため

ｃ．株価指数オプション時価評価

(借) 株 価 指 数 オ プ シ ョ ン 運 用 損 益	4,892.3	(貸) 株 価 指 数 オ プ シ ョ ン	4,892.3

$2,607.7 - 7,500 = \triangle 4,892.3$

③ 翌期首（X1年4月1日）

　株価指数オプション評価損の戻入れ

(借) 株 価 指 数 オ プ シ ョ ン	1,520	(貸) 株 価 指 数 オ プ シ ョ ン 運 用 損 益	1,520

④ 償還日（X1年8月31日）

a．有価証券利息およびオプション料の受取り

（借）現 金 預 金(*1)	8,280	（貸）有価証券利息(*2)	2,300
		未 収 入 金(*3)	5,980

*1 300,000×5.4%×184/360＝8,280
*2 300,000×1.5%×184/360＝2,300
*3 8,280－2,300＝5,980

b．オプション料の収益認識

（借）株 価 指 数 オ プ シ ョ ン	5,980	（貸）株価指数オプション運用損益	5,980

負債計上されていた株価指数オプション料を収益計上します。

c．元本の償還（権利行使日の日経平均株価が17,490であったとします）

（借）現 金 預 金(*1)	282,000	（貸）その他有価証券	300,000
株価指数オプション運用損益(*2)	18,000		

*1 償還率＝100%－{1－(17,490－16,500)/16,500}＝94%
　　300,000×94%＝282,000
*2 300,000－282,000＝18,000

§5

デリバティブ取引にかかる表示および開示

1── 貸借対照表における相殺表示

　金融資産および金融負債は，貸借対照表において総額で表示することを原則とします。しかし，以下の3つの要件を満たす場合には相殺して表示することができます（金融商品会計実務指針第140項本文）。

① 同一の相手先に対する金銭債権・債務であること

② 相殺が法的に有効で，企業が相殺する能力を有すること

③ 企業が相殺して決済する意思を有すること

　ただし，同一相手先とのデリバティブ取引により生じる正味の金銭債権・債務については，取引先の信用リスク軽減のために法的に有効な**マスターネッティング契約**（1つの契約について債務不履行等の一括清算事由が生じた場合に，契約の対象となるすべての取引について，単一通貨の純額で決済することとする契約）を有する場合には，その適用範囲内で相殺することができます（金融商品会計実務指針第140項ただし書き）。

　なお，先物取引や先物オプション取引のように取引所に上場されているデリバティブ取引の時価評価による金融資産と金融負債については，同じ種類のデリバティブについて取引所単位での相殺表示ができると考えられます（金融商品会計実務指針第312項）。

　相殺表示に関する方針は，毎期継続して適用することに留意が必要です（金融

商品会計実務指針第140項第3段落)。

②——重要な会計方針としてのヘッジ会計の方法の記載

　金融商品取引法に基づく有価証券報告書に含まれる連結財務諸表および財務諸表(以下「財務諸表等」と略称します)における重要な会計方針に関する注記事項に「ヘッジ会計の方法」として繰延ヘッジ等のヘッジ会計の方法に併せて,ヘッジ手段とヘッジ対象,ヘッジ方針,ヘッジ有効性の評価の方法等リスク管理方針のうちヘッジ会計にかかるものについて概括的に記載することとされています(連結財務諸表規則第13条第5項,連結財務諸表規則ガイドライン13-5 2(7),財務諸表等規則第8条の2の3,財務諸表等規則ガイドライン8の2の3 2(8))。半期報告書に含まれる第2種中間連結財務諸表および第2種中間財務諸表においても同様です(連結財務諸表規則第197条第5項,連結財務諸表規則ガイドライン197-5 2(7),財務諸表等規則第212条,財務諸表等規則ガイドライン212 2(6))。一方,半期報告書に含まれる第1種中間連結財務諸表および第1種中間財務諸表においては重要な会計方針の記載が求められていないため,前事業年度の財務諸表等の作成のために採用した方法を継続して適用している限り,記載は不要です。会社法に基づく計算書類においては,会社計算規則にヘッジ会計の方法の記載について明文規定はありませんが,会社計算規則第101条第1項第5号の「その他計算書類の作成のための基本となる重要な事項」に該当する場合には,財務諸表等と同様の記載を行う必要があります。連結計算書類においても同様です(会社計算規則第101条第1項第5号および第102条第1項第3号)。

　ヘッジ会計の方法の記載は概ね以下のようになると思われます(連結財務諸表規則ガイドライン13-5 3および197-5 3,財務諸表等規則ガイドライン8の2の3 3(7)および212 3)。

ⅰ)繰延ヘッジ等のヘッジ会計の方法

　採用しているヘッジ会計の方法(繰延ヘッジ,時価ヘッジ,金利スワップの

特例処理，為替予約等の振当処理）

ⅱ）ヘッジ手段とヘッジ対象

ヘッジ手段として用いているデリバティブ等およびヘッジ対象である資産および負債ならびに予定取引の内容

ⅲ）ヘッジ方針

ヘッジの目的（相場変動を相殺するものか，またはキャッシュ・フローを固定するものか，ならびにヘッジの対象としたリスクの内容），個別ヘッジあるいは包括ヘッジの別，ヘッジ割合，ヘッジ期間等

ⅳ）ヘッジ有効性評価の方法

採用しているヘッジ有効性評価の方法の概要

③──デリバティブ取引に関する注記

金融商品会計基準において，金融商品に関する注記として以下の注記が求められており（金融商品会計基準第40-2項），デリバティブ取引に関する注記は，当該注記の中に含まれ，他の金融商品とあわせて記載することになります。

---

(1)　金融商品の状況に関する事項
　①　金融商品に対する取組方針
　②　金融商品の内容及びそのリスク
　③　金融商品に係るリスク管理体制
　④　金融商品の時価等に関する事項についての補足説明
(2)　金融商品の時価等に関する事項
(3)　金融商品の時価のレベルごとの内訳等に関する事項(注)

(注)　時価のレベルについては§2 ④(2)参照。

なお，上記は連結財務諸表において注記している場合には，個別財務諸表においては注記を要しないとされています（金融商品会計基準第40-2項，時価開示

適用指針第3項，第4項，第5-2項）。このため，財務諸表等規則においても連結財務諸表を作成している場合には，連結財務諸表の注記として記載する必要があるとされ（連結財務諸表規則第15条の5の2，第15条の7第1項および財務諸表等規則第8条の6の2，第8条の8第1項），個別の財務諸表での開示は不要とされています（財務諸表等規則第8条の6の2第10項および第8条の8第4項）。第2種中間連結財務諸表および第2種中間財務諸表においても同様です（連結財務諸表規則第209条，第211条および財務諸表等規則第221条，第223条第1項，第5項）。

第1種中間連結財務諸表および第1種中間財務諸表においては，企業集団または企業の事業運営にあたっての重要な項目であり，かつ，前年度末と比較して著しく変動している資産または負債等に関する次の事項を注記するとされています（中間適用指針第59項(3)）。

① 金融商品に関する中間貸借対照表の科目ごとに，中間会計期間末における時価および中間貸借対照表計上額とその差額

② 満期保有目的の債券については，中間会計期間末における時価および中間貸借対照表計上額とその差額，その他有価証券については，有価証券の種類（株式および債券等）ごとに中間会計期間末における中間貸借対照表計上額および取得原価とその差額

③ デリバティブ取引（ヘッジ会計が適用されているものは除くことができる）については，取引の対象物の種類（主な通貨，金利，株式，債券および商品等）ごとの契約額または契約において定められた元本相当額，時価および評価損益

④ 時価をもって貸借対照表価額とする金融資産および金融負債について，適切な区分に基づき，中間貸借対照表日におけるレベル1の時価の合計額，レベル2の時価の合計額およびレベル3の時価の合計額

当該定めを受けて，財務諸表等規則等でも同様の定めが置かれています（連結財務諸表規則第111条，第113条および財務諸表等規則第138条，第140条）。

会社計算規則にはデリバティブ取引に関する注記についての明文規定がありませんが，貸借対照表，損益計算書および株主資本等変動計算書により会社の

財産または損益の状態を正確に判断するために必要な事項と考えられる場合には，会社計算規則第116条の「その他の注記」として，会社法に基づく計算書類においても同様の注記が必要となると解されます。連結計算書類を作成している場合に，連結計算書類において連結ベースで記載し，個別の計算書類には記載しないということは，会社法第431条に規定する一般に公正妥当と認められる企業会計の慣行に従うものとして認められると考えます。

参考　　**四半期報告制度の見直し**

　　2022年12月に金融審議会「ディスクロージャーワーキング・グループ」より，金融審議会「ディスクロージャーワーキング・グループ」報告が公表され，従来の四半期開示の見直しとして，上場企業について金融商品取引法上の四半期開示義務（第1・第3四半期）を廃止し，第1・第3四半期の開示は取引所規則に基づく四半期決算短信に一本化すること，および開示義務が残る第2四半期報告書を半期報告書として提出することが示されました。当該報告に沿って，2023年11月に金融商品取引法が改正されたことで，2024年4月より，上場企業に求められていた四半期報告制度が廃止され，新たに半期報告書の提出が義務付けられました。

　　改正された金融商品取引法では，半期報告書に含まれる中間財務諸表について，提出会社の区分に応じて以下の2種類が定められています。

金融商品取引法上の会社区分	上場会社等および任意で上場会社等と同様の報告書を提出する非上場会社		左記以外の非上場会社
	特定事業会社を除く	特定事業会社	
金融商品取引法上の報告書（括弧内は改正前）	半期報告書（四半期報告書）	半期報告書（四半期報告書）	半期報告書（半期報告書）
報告書に含まれる財務諸表（括弧内は改正前）	第1種中間財務諸表（四半期財務諸表）	第2種中間財務諸表（中間財務諸表）	第2種中間財務諸表（中間財務諸表）
半期報告書の記載様式：内国会社の場合	第4号の3様式（第4号の3様式）	第4号の3様式（第4号の3様式）	第5号様式（第5号様式）

（括弧内は改正前）			
適用される会計基準等 （括弧内は改正前）	中間会計基準および 中間適用指針 （四半期会計基準等）	中間作成基準等 （中間作成基準等）	中間作成基準等 （中間作成基準等）
提出期限	45日	60日	3ヵ月

（出所：ASBJ の Web サイト「企業会計基準公開草案第80号『中間財務諸表に関する会計基準（案）』等の概要」図表2を参考に筆者が作成）

　このように，改正前の金融商品取引法において四半期財務諸表を含む四半期報告書を提出していた会社（金融商品取引法第24条の5第1項の表の第1号に掲げる上場会社等および第24条の5第1項ただし書きの適用を受ける非上場会社に該当する会社）は，新たに第1種中間財務諸表を含む半期報告書の提出が求められ，従来から中間財務諸表を含む四半期報告書を提出していた特定事業会社（銀行法，保険業法および信用金庫法の特定の条項で定める業務にかかる事業を行う会社）および中間財務諸表を含む半期報告書の提出が求められていた非上場会社（金融商品取引法第24条の5第1項ただし書きの適用を受けない非上場会社に該当する会社）については，第2種中間財務諸表を含む半期報告書の提出が求められるようになりました。

　この改正に対応し，従来四半期財務諸表を作成していた会社が，第1種中間財務諸表を作成するための会計基準として，ＡＳＢＪは2024年3月に中間会計基準および中間適用指針を公表しており，原則として従来の四半期財務諸表に関する会計処理および開示の定めを引き継いでいます。一方，第2種中間財務諸表を作成する会社については，従来からの中間財務諸表の作成基準であった中間作成基準等が引き続き適用されることとなったため，会計処理および開示に関する定めには変更がありません。

　なお，金融商品取引法の改正を受けて，財務諸表等規則等も改正されており，従来の四半期財務諸表等規則，四半期連結財務諸表規則，中間財務諸表等規則および中間連結財務諸表規則が廃止され，開示の規定が財務諸表等規則と連結財務諸表規則に統合されました。これにより，第1種中間財務諸表は，財務諸表等規則第129条から第209条，第1種中間連結財務諸表は連結財務諸表規則第93条から第188条，第2

種中間財務諸表は財務諸表等規則第210条から第325条，第2種中間連結財務諸表は連結財務諸表規則第189条から第311条に基づいて作成されることとなりました。

結果的に，半期報告書に含まれる中間財務諸表については，その種類により以下のように開示の内容が異なることとなりました。

第1種中間財務諸表，第1種中間連結財務諸表	改正前の四半期財務諸表に関する会計処理および開示の定めと同等の基準（中間会計基準および中間適用指針）および，財務諸表等規則第129条から第209条，連結財務諸表規則第93条から第188条により作成される財務諸表
第2種中間財務諸表，第2種中間連結財務諸表	中間財務諸表に関する会計処理および開示の定め（中間作成基準等）および，財務諸表等規則第210条から第325条，連結財務諸表規則第189条から第311条により作成される財務諸表

⑴　金融商品の状況に関する事項

金融商品の状況に関する事項については，①金融商品に対する取組方針，②金融商品の内容及びそのリスク，③金融商品に関するリスク管理体制，④金融商品の時価等に関する事項についての補足説明を記載するとされています（金融商品会計基準第40-2項⑴①②③④）。

時価開示適用指針における，各項目のより具体的な記載内容の定めを要約すると以下のようになります。

①　金融商品に対する取組方針（時価開示適用指針第3項⑴）
● 金融資産であれば資金運用方針，金融負債であれば資金調達方針およびその手段（内容），償還期間の状況など ● 金融資産と金融負債との間や金融商品と非金融商品との間に重要な関連がある場合には，その概要 ● 金融商品の取扱いが主たる業務である場合には当該業務の概要
②　金融商品の内容及びそのリスク（時価開示適用指針第3項⑵）

- 金融商品の内容として，取り扱っている主な金融商品の種類（たとえば，デリバティブ取引であれば，先物取引，オプション取引，先渡取引およびスワップ取引等）やその説明
- 金融商品にかかるリスクとして，信用リスクや市場リスク，資金調達にかかる流動性リスク
- 金融商品の内容およびそのリスクに関する記載には，現物の金融資産または金融負債のうちでリスクが高いものや，デリバティブ取引の対象物の価格変動に対する当該取引の時価の変動率が大きい特殊なものについては，その概要（貸借対照表の科目および計上額，ならびに商品性（金利，償還期限等）にかかる説明など）が含まれる
- デリバティブ取引については，取引の内容，取引にかかるリスクのほか，取引の利用目的(ヘッジ会計を行っている場合には，ヘッジ手段とヘッジ対象，ヘッジ方針およびヘッジの有効性の評価方法等についての説明を含む)

③　金融商品に係るリスク管理体制（時価開示適用指針第3項(3)）

- リスク管理方針，リスク管理規程および管理部署の状況，リスクの減殺方法または測定手続等

④　金融商品の時価等に関する事項についての補足説明（時価開示適用指針第3項(4)）

- 金融商品の時価に関する重要な前提条件など

　上記の金融商品会計基準等の規定を受けて，財務諸表等規則においても，金融商品に関する事項として以下の事項を記載することが求められており，具体的な記載内容についても金融商品会計基準等と同様の定めが置かれています（財務諸表等規則第8条の6の2第1項第1号，財務諸表等規則ガイドライン8の6の2-1-1）。

①　金融商品に対する取組方針

②　金融商品の内容及び当該金融商品に係るリスク

③　金融商品に係るリスク管理体制

⑵　金融商品の時価等に関する事項

　「金融商品の時価等に関する事項」として，デリバティブ取引については，貸借対照表計上額と貸借対照表日における時価およびその差額を注記するとされ

ており，これはデリバティブ取引により生じる正味の債権または債務等の内容を示す名称を付した科目をもって貸借対照表上に掲記していない場合でも注記するとされ，さらに資産項目と負債項目とを合算して注記することができるとされています（時価開示適用指針第4項(1)）。そのうえで，デリバティブ取引については取引の対象物の種類（通貨，金利，株式，債券および商品等）ごとに，以下の事項を追加で記載することが要求されています（時価開示適用指針第4項(3)）。

① ヘッジ会計が適用されていないもの
ア 貸借対照表日における契約額または契約において定められた元本相当額 イ 貸借対照表日における時価 ウ 貸借対照表日における評価損益 当該注記にあたっては，デリバティブ取引の種類（先物取引，オプション取引，先渡取引およびスワップ取引等）による区分，市場取引とそれ以外の取引の区分，買付約定にかかるものと売付約定にかかるものの区分，貸借対照表日から取引の決済日または契約の終了時までの期間による区分等の区分により，デリバティブ取引の状況が明瞭に示されるように記載する。
② ヘッジ会計が適用されているもの
ア 貸借対照表日における契約額または契約において定められた元本相当額 イ 貸借対照表日における時価 当該注記にあたっては，ヘッジ会計の方法，デリバティブ取引の種類，ヘッジ対象の内容等の区分により，ヘッジ会計の状況が明瞭に示されるように記載する。なお，イの注記にあたっては，金利スワップの特例処理（金融商品会計基準(注14)）および為替予約等の振当処理（外貨建基準注解(注7)。ただし，予定取引をヘッジ対象としている場合を除く）については，ヘッジ対象と一体として，当該ヘッジ対象の時価に含めて注記することができる。

上記の金融商品会計基準等の規定を受けて，財務諸表等規則においても，金融商品に関する事項として金融商品の時価に関する事項の注記（財務諸表等規則第8条の6の2第1項第2号，財務諸表等規則ガイドライン8の6の2−1−2），およびデリバティブ取引に関する注記（財務諸表等規則第8条の8，財務諸表等規則ガ

イドライン8の8）が求められています。

⑶　金融商品の時価のレベルごとの内訳等に関する事項

「金融商品の時価のレベルごとの内訳等に関する事項」として，以下の内容を注記することとされています（時価開示適用指針第5‐2項）。

①　時価をもって貸借対照表価額とする金融資産および金融負債について，適切な区分に基づき，貸借対照表日におけるレベル1の時価の合計額，レベル2の時価の合計額およびレベル3の時価の合計額。

②　「金融商品の時価等に関する事項」の定めに従って貸借対照表日における時価を注記する金融資産および金融負債（①で注記する金融資産および金融負債を除く）について，適切な区分に基づき，貸借対照表日におけるレベル1の時価の合計額，レベル2の時価の合計額およびレベル3の時価の合計額をそれぞれ注記する。

③　①および②に従って注記される金融資産および金融負債のうち，貸借対照表日における時価がレベル2の時価またはレベル3の時価に分類される金融資産および金融負債について，適切な区分に基づき，以下を注記する。

　ア）時価の算定に用いた評価技法およびインプット（時価算定会計基準第4項(5)）の説明

　イ）時価の算定に用いる評価技法またはその適用を変更した場合，その旨および変更の理由

④　時価をもって貸借対照表価額とする金融資産および金融負債について，当該時価がレベル3の時価に分類される場合，適切な区分に基づき，以下を注記する。

　ア）時価の算定に用いた重要な観察できないインプットに関する定量的情報

　イ）時価がレベル3の時価に分類される金融資産および金融負債の期首残高から期末残高への調整表

　ウ）レベル3の時価についての企業の評価プロセス（たとえば，企業にお

ける評価の方針および手続の決定方法や各期の時価の変動の分析方法
等）の説明

エ）ア）の重要な観察できないインプットを変化させた場合に貸借対照表
日における時価が著しく変動するときは，当該観察できないインプット
を変化させた場合の時価に対する影響に関する説明，また当該観察でき
ないインプットと他の観察できないインプットとの間に相関関係がある
場合には，当該相関関係の内容および当該相関関係を前提とすると時価
に対する影響が異なる可能性があるかどうかに関する説明

　上記の金融商品会計基準等の規定を受けて，財務諸表等規則においても，金
融商品に関する事項として金融商品の時価のレベルごとの内訳に関する注記
（財務諸表等規則第8条の6の2第1項第3号，財務諸表等規則ガイドライン8の6
の2‐1‐3）が求められています。

【時価開示適用指針における開示例】

　1．金融商品の状況に関する事項

(1)　金融商品に対する取組方針
　当社グループは，主に××の製造販売事業を行うための設備投資計画に照ら
して，必要な資金（主に銀行借入や社債発行）を調達しております。一時的な余資
は安全性の高い金融資産で運用し，また，短期的な運転資金を銀行借入により調
達しております。デリバティブは，後述するリスクを回避するために利用してお
り，投機的な取引は行わない方針であります。

(2)　金融商品の内容及びそのリスク
　営業債権である受取手形及び売掛金は，顧客の信用リスクに晒されております。
また，グローバルに事業を展開していることから生じている外貨建ての営業債権
は，為替の変動リスクに晒されていますが，原則として外貨建ての営業債務をネッ
トしたポジションについて先物為替予約を利用してヘッジしております。有価証
券及び投資有価証券は，主に満期保有目的の債券及び取引先企業との業務又は資

本提携等に関連する株式であり，市場価格の変動リスクに晒されております。また，取引先企業等に対し長期貸付を行っております。

営業債務である支払手形及び買掛金は，ほとんど1年以内の支払期日であります。また，その一部には，原料等の輸入に伴う外貨建てのものがあり，為替の変動リスクに晒されていますが，恒常的に同じ外貨建ての売掛金残高の範囲内にあります。借入金，社債及びファイナンス・リース取引に係るリース債務は，主に設備投資に必要な資金の調達を目的としたものであり，償還日は決算日後，最長で4年半後であります。このうち一部は，変動金利であるため金利の変動リスクに晒されていますが，デリバティブ取引（金利スワップ取引）を利用してヘッジしております。

デリバティブ取引は，外貨建ての営業債権債務に係る為替の変動リスクに対するヘッジ取引を目的とした先物為替予約取引，借入金及び社債に係る支払金利の変動リスクに対するヘッジ取引を目的とした金利スワップ取引であります。なお，ヘッジ会計に関するヘッジ手段とヘッジ対象，ヘッジ方針，ヘッジの有効性の評価方法等については，前述の「会計処理基準に関する事項」に記載されている「重要なヘッジ会計の方法」をご覧下さい。

(3) 金融商品に係るリスク管理体制
① 信用リスク（取引先の契約不履行等に係るリスク）の管理
当社は，債権管理規程に従い，営業債権及び長期貸付金について，各事業部門における営業管理部が主要な取引先の状況を定期的にモニタリングし，取引相手ごとに期日及び残高を管理するとともに，財務状況等の悪化等による回収懸念の早期把握や軽減を図っております。連結子会社についても，当社の債権管理規程に準じて，同様の管理を行っております。

満期保有目的の債券は，資金運用管理規程に従い，格付の高い債券のみを対象としているため，信用リスクは僅少であります。

デリバティブ取引の利用にあたっては，カウンターパーティーリスクを軽減するために，格付の高い金融機関とのみ取引を行っております。

当期の連結決算日現在における最大信用リスク額は，信用リスクにさらされる金融資産の貸借対照表価額により表わされています。
② 市場リスク（為替や金利等の変動リスク）の管理
当社及び一部の連結子会社は，外貨建ての営業債権債務について，通貨別月別に把握された為替の変動リスクに対して，原則として先物為替予約を利用してヘッ

ジしております。なお，為替相場の状況により，半年を限度として，輸出に係る予定取引により確実に発生すると見込まれる外貨建営業債権に対する先物為替予約を行っております。また，当社及び一部の連結子会社は，借入金及び社債に係る支払金利の変動リスクを抑制するために，金利スワップ取引を利用しております。

　有価証券及び投資有価証券については，定期的に時価や発行体（取引先企業）の財務状況等を把握し，また，満期保有目的の債券以外のものについては，取引先企業との関係を勘案して保有状況を継続的に見直しております。

　デリバティブ取引につきましては，取引権限や限度額等を定めたデリバティブ取引管理規程に基づき，半年ごとに経営会議で基本方針を承認し，これに従い財務部が取引を行い，経理部において記帳及び契約先と残高照合等を行っております。月次の取引実績は，財務部所管の役員及び経営会議に報告しております。連結子会社についても，当社のデリバティブ取引管理規程に準じて，管理を行っております。

　③　資金調達に係る流動性リスク（支払期日に支払いを実行できなくなるリスク）の管理
（略）

(4)　金融商品の時価等に関する事項についての補足説明
　金融商品の時価の算定においては変動要因を織り込んでいるため，異なる前提条件等を採用することにより，当該価額が変動することもあります。また，「2．金融商品の時価等に関する事項」におけるデリバティブ取引に関する契約額等については，その金額自体がデリバティブ取引に係る市場リスクを示すものではありません。

(5)　信用リスクの集中
（略）

2．金融商品の時価等に関する事項

　20XX 年 XX 月 XX 日（当期の連結決算日）における連結貸借対照表計上額，時価及びこれらの差額については，次のとおりであります。なお，市場価格のない株式等は，次表には含めておりません（（注2）を参照ください。）。また，現金は注記を省略しており，預金は短期間で決済されるため時価が帳簿価額に近似す

ることから，注記を省略しております。

（以下の表はデリバティブ取引に関する部分のみ抜粋）

（単位：百万円）

	連結貸借対照表計上額	時価	差額
（略）			
デリバティブ取引(*2) ① ヘッジ会計が適用されていないもの	（×××）	（×××）	－
② ヘッジ会計が適用されているもの	×××	×××	×××
デリバティブ取引計	×××	×××	×××

（＊2） デリバティブ取引によって生じた正味の債権・債務は純額で表示しており，合計で正味の債務となる項目については，（ ）で示しております。

（注1） 有価証券及びデリバティブ取引に関する事項

(1) 有価証券及び投資有価証券

（略）

(2) デリバティブ取引

　① ヘッジ会計が適用されていないもの

　ヘッジ会計が適用されていないデリバティブ取引について，取引の対象物の種類ごとの連結決算日における契約額又は契約において定められた元本相当額，時価及び評価損益は，次のとおりであります。

　(a) 通貨関連

（単位：百万円）

区分	デリバティブ取引の種類等	契約額等	うち1年超	時価	評価損益
市場取引以外の取引	為替予約取引 売建				
	米ドル	×××	×××	×××	△×××
	ユーロ	×××	×××	×××	×××
合計		×××	×××	×××	×××

(b) 金利関連

（単位：百万円）

区分	デリバティブ取引の種類等	契約額等		時価	評価損益
			うち1年超		
市場取引以外の取引	金利スワップ取引 　受取変動・支払固定	×××	×××	×××	×××
合計		×××	×××	×××	×××

② ヘッジ会計が適用されているもの

　ヘッジ会計が適用されているデリバティブ取引について，ヘッジ会計の方法ごとの連結決算日における契約額又は契約において定められた元本相当額等は，次のとおりであります。

（単位：百万円）

ヘッジ会計の方法	デリバティブ取引の種類等	主なヘッジ対象	契約額等		時価
				うち1年超	
原則的処理方法	金利スワップ取引 　支払固定・受取変動	長期借入金及び社債	×××	×××	×××
金利スワップの特例処理	金利スワップ取引 　支払固定・受取変動	長期借入金	×××	×××	×××
為替予約等の振当処理	為替予約取引 売建 　米ドル 　ユーロ	売掛金	××× ×××	××× ×××	××× ×××
合計			×××	×××	×××

（注2）～（注4）

（略）

3．金融商品の時価のレベルごとの内訳等に関する事項

　金融商品の時価を，時価の算定に用いたインプットの観察可能性及び重要性に応じて，以下の3つのレベルに分類しております。

　レベル1の時価：同一の資産又は負債の活発な市場における（無調整の）相場
　　　　　　　　　価格により算定した時価

　レベル2の時価：レベル1のインプット以外の直接又は間接的に観察可能なイ
　　　　　　　　　ンプットを用いて算定した時価

　レベル3の時価：重要な観察できないインプットを使用して算定した時価

　時価の算定に重要な影響を与えるインプットを複数使用している場合には，それらのインプットがそれぞれ属するレベルのうち，時価の算定における優先順位が最も低いレベルに時価を分類しております。

(1)　時価をもって連結貸借対照表計上額とする金融資産及び金融負債

（単位：百万円）

区分	時価			
	レベル1	レベル2	レベル3	合計
（略）				
デリバティブ取引				
通貨関連	－	×××	－	×××
金利関連	－	×××	－	×××
資産計	×××	×××	－	×××
デリバティブ取引				
通貨関連	－	×××	－	×××
金利関連	－	×××	－	×××
負債計	－	×××	－	×××

(2)　時価をもって連結貸借対照表計上額としない金融資産及び金融負債

（単位：百万円）

区分	時価			
	レベル1	レベル2	レベル3	合計
（略）				
デリバティブ取引				
通貨関連	－	×××	－	×××
金利関連	－	×××	－	×××
資産計	×××	×××	×××	×××
（略）				
デリバティブ取引				
通貨関連	－	×××	－	×××
金利関連	－	×××	－	×××
負債計	－	×××	－	×××

（注）　時価の算定に用いた評価技法及びインプットの説明

有価証券及び投資有価証券

（略）

デリバティブ取引

　　金利スワップ及び為替予約の時価は，金利や為替レート等の観察可能なインプットを用いて割引現在価値法により算定しており，レベル2の時価に分類しております。

（以下略）

（時価開示適用指針「参考（開示例）2．製造業」より転載。一部省略は筆者によるもの）

索　　引

【執筆者】

　有限責任監査法人トーマツ　テクニカルセンター
　　和田　夢斗（マネージングディレクター，公認会計士）
　　遠藤　和人（シニアマネジャー，公認会計士）
　　瀧浪　健士（シニアマネジャー，公認会計士）

【執筆協力者】

　　園生　裕之（公認会計士）

　デロイト　トーマツ　リスクアドバイザリー合同会社　ファイナンシャルサービシーズ
　　小山　敦史（マネージングディレクター）

【著者紹介】

有限責任監査法人トーマツ

　有限責任監査法人トーマツは，デロイト トーマツ グループの主要法人として，監査・保証業務，リスクアドバイザリーを提供しています。日本で最大級の監査法人であり，国内約30の都市に約3,000名の公認会計士を含む約7,800名の専門家を擁し，大規模多国籍企業や主要な日本企業をクライアントとしています。

　デロイト トーマツ グループは，日本におけるデロイト アジア パシフィック リミテッドおよびデロイトネットワークのメンバーであるデロイト トーマツ合同会社ならびにそのグループ法人（有限責任監査法人トーマツ，デロイト トーマツ リスクアドバイザリー合同会社，デロイト トーマツ コンサルティング合同会社，デロイト トーマツ ファイナンシャルアドバイザリー合同会社，デロイト トーマツ税理士法人，DT弁護士法人およびデロイト トーマツ グループ合同会社を含む）の総称です。デロイト トーマツ グループは，日本で最大級のプロフェッショナルグループのひとつであり，各法人がそれぞれの適用法令に従い，監査・保証業務，リスクアドバイザリー，コンサルティング，ファイナンシャルアドバイザリー，税務，法務等を提供しています。また，国内約30都市に約2万人の専門家を擁し，多国籍企業や主要な日本企業をクライアントとしています。詳細はデロイト トーマツ グループ Web サイト（www.deloitte.com/jp）をご覧ください。

　Deloitte（デロイト）とは，デロイト トウシュ トーマツ リミテッド（"DTTL"），そのグローバルネットワーク組織を構成するメンバーファームおよびそれらの関係法人（総称して"デロイトネットワーク"）のひとつまたは複数を指します。DTTL（または"Deloitte Global"）ならびに各メンバーファームおよび関係法人はそれぞれ法的に独立した別個の組織体であり，第三者に関して相互に義務を課しまたは拘束させることはありません。DTTLおよびDTTLの各メンバーファームならびに関係法人は，自らの作為および不作為についてのみ責任を負い，互いに他のファームまたは関係法人の作為および不作為について責任を負うものではありません。DTTLはクライアントへのサービス提供を行いません。詳細はwww.deloitte.com/jp/aboutをご覧ください。

　デロイト アジア パシフィック リミテッドはDTTLのメンバーファームであり，保証有限責任会社です。デロイト アジア パシフィック リミテッドのメンバーおよびそれらの関係法人は，それぞれ法的に独立した別個の組織体であり，アジア パシフィックにおける100を超える都市（オークランド，バンコク，北京，ベンガルール，ハノイ，香港，ジャカルタ，クアラルンプール，マニラ，メルボルン，ムンバイ，ニューデリー，大阪，ソウル，上海，シンガポール，シドニー，台北，東京を含む）にてサービスを提供しています。

デリバティブ取引の経理入門（第2版）

2008年1月30日　第1版第1刷発行
2014年4月15日　第1版第10刷発行
2024年6月25日　第2版第1刷発行

著　者	有限責任監査法人トーマツ
発行者	山　本　　　継
発行所	㈱中央経済社
発売元	㈱中央経済グループパブリッシング

〒101-0051　東京都千代田区神田神保町1-35
電話　03（3293）3371（編集代表）
　　　03（3293）3381（営業代表）
https://www.chuokeizai.co.jp
印刷／昭和情報プロセス㈱
製本／誠　製　本　㈱

© 2024 For information, contact Deloitte Touche Tohmatsu LLC.
Printed in Japan